大学入試

▼

10日
あればいい！

JN041313

短期集中ゼミ

期中

大学入学
共通テスト

情報 I

●本書の構成と使い方

▶本書は，基本的な考え方をマスターし，大学入学共通テストに挑む学力を総合的に身につけることをねらいとした問題集です。

▶いきなり8割，9割の高得点を目指して難解な問題から取り組んでいても，基礎固めがおろそかになり，平均点にも届かないということが少なくありません。この問題集では，例題の最後に示した**"解法のアシスト"**でしっかりと基礎を確認した上で，2nd Step・Final Step の実戦的な演習を行うと，効率的に対策できます。

■ 1st Step ファイナル ステップ （67セット）	大学入試に挑む上で欠かせない基本的なポイントを，効率的に確認できます。**例題→練習問題**のセットで，必須知識を確実に自分のものとしてください。
■ 2nd Step セカンド ステップ （24題）	共通テストで求められる **思考力・判断力・表現力** を身につけるのに最適な，1ページ完結の問題を中心としたステップです。1st Stepで確認した知識を，実戦で使える力にしていきます。会話文や日常・社会の事象を扱う出題など，これまでになかった形式にも無理なく対応できます。
■ Final Step ファイナル ステップ （15題）	共通テストへの対応力を十分養った上で取り組むと効果的な，実際に出題される難易度・文章量の問題を掲載しています。本書での勉強の**集大成**として，実戦を意識した演習を行ってください。

時間
10分

2nd StepとFinal Stepには，大問ごとに目標となる所要時間を掲載しています。

●目次

1ˢᵗ Step

第1章 情報社会の問題解決

1. 情報と情報の特性 ——————— 4
2. メディアとメディアの特性 ——— 4
3. 問題の発見・解決 ——————— 5
4. 個人情報とプライバシー ———— 5
5. 肖像権とパブリシティ権 ———— 6
6. 知的財産権(著作権・産業財産権) — 6
7. 情報セキュリティ ——————— 7
8. ユーザ認証 —————————— 7
9. 暗号化 ———————————— 8
10. 情報セキュリティに関する法規 — 8

第2章 コミュニケーションと 情報デザイン

11. コミュニケーション —————— 9
12. メディアリテラシー —————— 10
13. 情報の抽象化 ————————— 10
14. 情報の可視化 ————————— 11
15. 情報の構造化 ————————— 11
16. 情報デザイン ————————— 12
17. デジタル情報の特徴 —————— 12
18. 情報量 ———————————— 13
19. 2進数 ———————————— 13
20. 補数を使った2進数の引き算 —— 14
21. 浮動小数点数 ————————— 14
22. 文字のデジタル化 ——————— 15
23. 音のデジタル化 ———————— 15
24. 画像のデジタル化 ——————— 16
25. 圧縮の種類 —————————— 16

第3章 コンピュータとプログラミング

26. 論理回路と真理値表 —————— 17
27. 五大装置 ——————————— 17
28. コンピュータの動作 —————— 18
29. 基本ソフトウェアと応用ソフトウェア —— 18
30. CPUの処理能力 ——————— 19
31. 演算誤差 ——————————— 19
32. モデルの分類 ————————— 20
33. モデル化 ——————————— 20
34. シミュレーション ——————— 21
35. フローチャートとアクティビティ図 —— 21
36. 状態遷移図 —————————— 22

37. プログラムの基本構造 ————— 22
38. 変数 ———————————— 23
39. 配列 ———————————— 23
40. 探索 ———————————— 24
41. 整列(ソート) ———————— 24

第4章 情報通信ネットワークと データの利用

42. ネットワークの種類 —————— 25
43. プロトコル —————————— 25
44. LANの構成 ————————— 26
45. グローバルIPアドレスと プライベートIPアドレス ——— 26
46. ドメイン名とDNS —————— 27
47. 回線交換方式とパケット交換方式 — 27
48. 無線LANと情報セキュリティ — 28
49. クライアントサーバシステム —— 28
50. サーバの種類 ————————— 29
51. メールの仕組み ———————— 29
52. 電子商取引 —————————— 30
53. 電子マネー —————————— 30
54. クラウドコンピューティング —— 31
55. データベース ————————— 31
56. 結合・選択・射影 ——————— 32
57. データの種類と収集 —————— 32
58. 量的データの扱い ——————— 33
59. 質的データの扱い ——————— 33
60. 基本統計量1 平均, 中央値, 最大, 最小 34
61. 基本統計量2 相関係数, 標準偏差, 外れ値, 欠損値 ———— 34
62. ヒストグラム ————————— 35
63. 散布図 ———————————— 35
64. 回帰分析 ——————————— 36
65. 時系列分析 —————————— 36
66. 回帰分析と時系列分析 ————— 37
67. 相関関係と因果関係 —————— 37

「2025 大学入試 短期集中ゼミ 大学入学共通テスト 情報Ⅰ」 正誤表

2024.9

本書には、下記のとおり修正がございます。謹んでお詫び申し上げますとともに、ご指導に際しまして、ご配慮いただきますようお願い申し上げます。

ページ	場所	誤	正
本冊 p. 11	練習 15 選択肢⑩	整理するだすなく	整理するだけでなく
本冊 p. 52	問題 15 問 1 選択肢⑩, ①	⑩ kanae@abcd. ac. jp と mgr@i jkl. co. jp に送信される。 ① kanae@abcd. ac. jp と chief@i jkl. co. jp に送信される。	⑩ kanae@abcd. ac. jp と mgr@i jkl. co. jp のみに送信される。 ① kanae@abcd. ac. jp と chief@i jkl. co. jp のみに送信される。
本冊 p. 73	問題 6 問 1 【算術シフトの例】	符号付き 4 桁の 2 進数 1110(2) を左に 2 ビット算術シフトする	符号付き 4 桁の 2 進数 1110(2) を左に 1 ビット算術シフトする
本冊 p. 80	問題 10 本文 [探索方法Ⅰ] <条件>	・先頭の札に書かれた番号が、探している番号より大きい場合、先頭の札とそれ以後の札には、探している番号が書かれた札は存在しないため、先頭以後の札を探索範囲から外す。	・先頭の札に書かれた番号が、探している番号より大きい場合、先頭以後の札には、探している番号が書かれた札は存在しないため、先頭以後の札を探索範囲から外す。
本冊 p. 81	問題 10 問 1 プログラム	(1) 探索 (Fuda, tansakuchi) の定義開始 (2) i を 0 から引数の配列の要素数まで 1 ずつ増やしながら繰り返す: (3) ┃ もし Fuda[i]=="サ"ならば: (4) ┃ ┃表示する ("探している札は", ┃シ┃, "番目にあります。") (5) ┃ ┃そうつなげば: (6) ┃ ┃表示する ("探している札はありません。") (7) 探索 (Fuda, tansakuchi) の定義終了 (8) Fuda = [12, 17, 18, ・・・ (中略) ・・・, 96, 98, 99] (9) tansakuchi = 90 (10) ┃ス┃	(1) 探索 (Fuda, tansakuchi) の定義開始 (2) i を 0 から Fuda の要素数 − 1 まで 1 ずつ増やしながら繰り返す: (3) ┃ もし Fuda[i]=="サ"ならば: (4) ┃ ┃表示する ("探している札は", ┃シ┃, "番目にあります。") (5) ┃ ┃プログラムを終了する (6) 表示する ("探している札はありません。") (7) 探索 (Fuda, tansakuchi) の定義終了 (8) Fuda = [12, 17, 18, ・・・ (中略) ・・・, 96, 98, 99] (9) tansakuchi = 90 (10) ┃ス┃

ページ	場所	誤	正
別冊解答 p.11	練習67 ②の解説	チョコレートの年間消費量	チョコレートの消費量
別冊解答 p.42	問題12 問2 解答・解説	**解答** キ：2，ク：7，ケ：1 **解説** 図2の回帰直線より，予測されるトライ数は，以下の通りである。 ソフレイク数10回に対するトライ数は，0.5637×10+0.058＝5.695 決勝進出チーム：0.5637×10+0.058＝5.695 予選敗退チーム：0.4541×10−0.0488＝4.4922 5.695−4.4922＝1.2028 日本は予選で敗退しているので 日本：0.4541×6.0−0.0488＝2.6758 ニュージーランドは決勝に進出しているので ニュージーランド：0.5673×12.57+0.058＝7.1889	**解答** キ：1，ク：7，ケ：1 **解説** クリーンソフレイク数10回ごとの，決勝進出チームと予選敗退チームのトライ数10回ごとの差を求めればよいから，それぞれの回帰直線の傾きの差に着目して (0.5637−0.4541)×10＝1.096 日本は予選で敗退しているので 日本：0.4541×6.0−0.0488＝2.6758 ニュージーランドは決勝に進出しているので ニュージーランド：0.5637×12.57+0.058＝7.1437
別冊解答 p.43	問題14 問3 解説	**解説** (第1四分位数)−(1.5×四分位範囲)＝46−1.5×(61−46) ＝48−1.5×15 ＝48−22.5＝25.5	**解説** (第1四分位数)−(1.5×四分位範囲)＝46−1.5×(61−46) ＝46−1.5×15 ＝46−22.5＝23.5

実教出版株式会社

2ⁿᵈ *Step*

第1章　情報社会の問題解決

1問題の発見・解決 ──────── 38
2知的財産権 ──────── 39
3情報セキュリティ ──────── 40

第2章　コミュニケーションと　　　情報デザイン

4情報の構造化・可視化 ──────── 41
5情報デザイン ──────── 42
6音のデジタル化と情報量 ──────── 43
7圧縮と情報量，圧縮方式 ──────── 44
82進数の計算 ──────── 45

第3章　コンピュータとプログラミング

9論理演算とその応用 ──────── 46
10インタフェース ──────── 47
11モデルの分類と性質，用途 ──────── 48
12待ち行列シミュレーション ──────── 49
13アルゴリズムの表し方 ──────── 50
14整列のプログラム ──────── 51

第4章　情報通信ネットワークと　　　データの利用

15メールの仕組み ──────── 52
16ネットワーク ──────── 53
17クラウドコンピューティング ──────── 54
18データベース ──────── 55
19データの分析 ──────── 56
20データの扱い ──────── 57
21箱ひげ図 ──────── 58
22散布図・相関行列 ──────── 59
23時系列分析 ──────── 60
24グラフを使った問題解決 ──────── 61

Fⁱⁿᵃˡ *Step*

第1章　情報社会の問題解決

1知的財産権 ──────── 62
2情報セキュリティ ──────── 64

第2章　コミュニケーションと　　　情報デザイン

3情報デザイン ──────── 66
4画像のデジタル化と情報量 ──────── 68
5Web サイトの構築 ──────── 70

第3章　コンピュータとプログラミング

6演算誤差 ──────── 72
7論理回路の組み合わせ ──────── 74
8待ち行列シミュレーション ──────── 76
9探索のプログラム ──────── 78
10アルゴリズムの比較 ──────── 80

第4章　情報通信ネットワークと　　　データの利用

11通信プロトコルと暗号化 ──────── 82
12散布図・相関行列 ──────── 84
13時系列分析 ──────── 86
14箱ひげ図 ──────── 88
15データベース ──────── 90

本書の QR コンテンツについて

右の QR コードまたは下の URL にアクセスすると，解説動画の
コンテンツ一覧（目次）が表示されますので，アクセスしてご利用
ください。

https://dc.jikkyo.co.jp/d2/jo/tz-jo1

※コンテンツ使用料は発生しませんが，通信料は自己負担となります。

1st Step ファーストステップ

1章

情報社会の問題解決

例題 1　情報と情報の特性

次の⓪~③の記述について,「データ」か「情報」に分類し,それぞれ二つずつ選べ。

⓪ 最初の新幹線の車両重量は約 55 t という数値。

① この駅に最初に来るバスの到着時刻は 6 時 5 分である。

② 受け取ったテストの解答用紙の点数欄に記載された 86 という数値。

③ 東京都の月ごとの平均気温をグラフで表したもの。

解 データ：⓪, ②　　情報：①, ③

解法のアシスト

データは事象・現象を数字・文字などで記号化したものである。また,情報は人が判断や行動する際に必要なものであり,意思決定を行ううえで欠かせないものである。

☐ **練習 1**　情報の特性に関する記述として適当でないものを,次の⓪~③から一つ選べ。

⓪ 人に渡しても自分の手元からなくなることはない。

① 発信者がデータを消去すれば,完全に消去できたと断定できる。

② 情報は「もの」と比べて短時間に広めることができる。

③ 簡単に複製できる。

例題 2　メディアとメディアの特性

情報をやり取りするには,メディアを媒介することになる。「表現手段としてのメディア」・「伝達手段としてのメディア」・「記録手段としてのメディア」のそれぞれの具体例として適当なものを,次の⓪~⑧からすべて選べ。

⓪ 電話　　① インターネット　　② SSD　　③ 音声　　④ 文字

⑤ 光学ディスク　　⑥ 紙　　⑦ 電波　　⑧ 動画

解 表現手段：③, ④, ⑧　　伝達手段：⓪, ①, ⑦　　記録手段：②, ⑤, ⑥

解法のアシスト

情報には「形がない」ことから,情報をやり取りするにはメディアを媒介することになる。それぞれのメディアの特性を考慮し,適切なメディアを選択することが重要である。

☐ **練習 2**　次の(1)~(3)に示すメディアの特性に関する説明として最も適当なものを,後の⓪~②から一つずつ選べ。

(1) テレビ　　(2) 雑誌　　(3) SNS

⓪ 情報をいち早く伝えることが困難である。

① 情報の拡散が迅速であるが,偽情報やフェイクニュースの拡散が懸念される。

② 速報性が高く,老若男女を問わず広く情報を伝えられる。

例題 3　問題の発見・解決

問題解決を行うための手順となるよう，次の⓪～④を順に選べ。

⓪ 問題の明確化　　① 解決案の決定　　　② 解決案の検討

③ 問題の発見　　　④ 解決案の実行と評価

解 ③，⓪，②，①，④

解法のアシスト

前段階に戻って検討や修正することをフィードバックという。問題解決では手順を繰り返し，問題を継続的に改善していくことが大切である。

☐ **練習 3**　次の(1)～(3)に示す，アイデアを整理して可視化する方法の説明として最も適当なものを，後の⓪～②から一つずつ選べ。

(1) コンセプトマップ　　(2) ロジックツリー　　(3) KJ 法

⓪ アイデアをカードなどに書き出し，関連性のあるものをグループにまとめて情報を整理する手法。

① 問題に含まれる概念とそれらの関係を図示する手法。

② 作業過程で漏れや重複がないことを意識してテーマを細分化し，それらを大項目，中項目，小項目へと階層化して表す手法。

例題 4　個人情報とプライバシー

個人情報保護法で定められた個人情報として適当なものを，次の⓪～④から二つ選べ。

⓪ 番組にお便りを投稿した人のペンネーム

① 顔の骨格などの身体の特徴に関するデータ

② 担任の先生が最後に降車した駅の名称

③ 病歴に関する情報　　④ 故人の名前

解 ①，③

解法のアシスト

☐ **練習 4**　個人情報保護法で個人情報取扱事業者に対して義務付けられている項目として適当でないものを，次の⓪～②からすべて選べ。

⓪ 本人から直接書面で個人情報を取得する場合には，個人情報を取得後，本人に利用目的を明示しなければならない。

① 事業者が保有する個人データの内容が事実でないという理由で，本人から個人データの訂正や削除を求められた場合，訂正や削除に応じなければならない。

② 第三者に保有する個人データの開示を求められた場合，迅速に応じなければならない。

例題 5　肖像権とパブリシティ権

肖像権とパブリシティ権の説明として最も適当なものを，次の⓪〜②から一つずつ選べ。

⓪ 芸能人やプロのスポーツ選手などのように，著名人の氏名や肖像には一定の顧客誘引力があり，その経済的価値を保護する権利。

① 私生活上の情報を無断で公開されない権利。

② 自己の容姿を無断で撮影されたり，撮影された写真や映像を勝手に公表されたりしない権利。

解　肖像権：②　　パブリシティ権：⓪　　（①はプライバシー権）

解法のアシスト

パブリシティ権の侵害は経済的な価値があるか，肖像権の侵害は人物がはっきりと特定できるか，写っている人物の許諾を得ているかなどの観点から判断するとよい。

☐ **練習 5**　肖像権とパブリシティ権の両方の侵害に当てはまるものを，次の⓪〜②から一つ選べ。

⓪ 部活動の同学年が閲覧可能なクラウド上のフォルダに，学年のメンバーで撮影した集合写真データをアップロードして共有した。

① アイドルのXさんが自身のSNSに投稿した自撮り写真は，すでに公にされている画像であることから，Xさんに連絡せず企業のWebページに商品とともに掲載した。

② 観光地で自撮りをした際に背景に他人が映り込んでしまったが，誰の顔か分からないほどぼやけていたので，そのままSNSに投稿した。

例題 6　知的財産権（著作権・産業財産権）

次の空欄　ア　〜　エ　に入る最も適当な語句を，後の⓪〜⑤から一つずつ選べ。

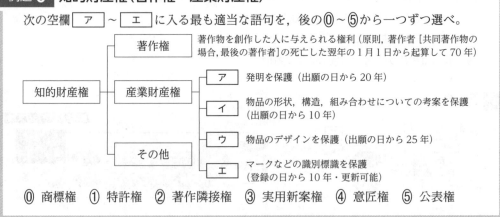

⓪ 商標権　① 特許権　② 著作隣接権　③ 実用新案権　④ 意匠権　⑤ 公表権

解　　ア：①　　　イ：③　　　ウ：④　　　エ：⓪

解法のアシスト

知的財産権は社会の発展を目的としており，創作者に対して一定期間の権利を保護した後は，社会全体の共有財産となる（商標権のみは更新により永久に存続可能）。

☐ **練習 6**　知的財産権のうち，著作権は権利を取得するために「申請」や「登録」の手続きが一切不要である。このことを何というか，次の⓪〜③から一つ選べ。

⓪ 方式主義　① 申請不要制度　② 無方式主義　③ 個人主義

例題 7　情報セキュリティ

以下の(1)～(3)に示す情報セキュリティの3要素の説明として最も適当なものを，次の⓪～②から一つずつ選べ。

(1) 機密性　　(2) 完全性　　(3) 可用性

⓪ 必要なときに中断することなく，情報にアクセスできる状態。

① ある情報へのアクセスを認められた人だけが，その情報にアクセスできる状態。

② 情報が破壊，改ざんまたは消去されていない状態。

解 (1) ①　　(2) ②　　(3) ⓪

解法のアシスト

情報セキュリティを維持するために，情報セキュリティの三要素である機密性・完全性・可用性を保つ対策を行うことを「情報セキュリティ対策」という。

☐ **練習7**　ウイルス感染時の対応手順として，次の⓪～②を適当な順に選べ。

⓪ 電話など，その時点で利用可能な手段を用いて，被害状況をネットワーク管理者や関係機関に報告する。

① ウイルス対策ソフトウェアを使って，ハードディスクやUSBメモリなどを漏れなく検査し，可能であればウイルスを駆除する。

② ネットワークケーブルを抜いたり，無線LANの機能をオフにしたりして，コンピュータをネットワークから一時的に切り離す。

例題 8　ユーザ認証

安全性が高いパスワードの例として最も適当なものを，次の⓪～④から一つ選べ。

⓪ jikkyo　　① 19411210　　② aw　　③ abcd　　④ kxfUtJX%8/N

解 ④

解法のアシスト

安全性が高いパスワードとは，他人に推測されにくく，ツールなどで割り出しにくいものを指す。情報セキュリティは常にユーザビリティとトレードオフの関係にあるため，パスワードのフレーズが長ければ長いほど，ユーザの利便性が下がることも考える必要がある。

☐ **練習8**　生体認証に関する説明として適当でないものを，次の⓪～④からすべて選べ。

⓪ 人間の声を収音し，周波数の分布をもとに認証を行うことができる。

① 生体認証はかなり高度な技術のため，本人ではない人を誤って認証する可能性はない。

② 人間の目の内部にある虹彩には，人それぞれ異なる模様があり，基本的に一生変化しないといわれていることから，生体認証として利用されている。

③ 生体情報を読み取る装置が大型のため，携帯電話やスマートフォンなどに生体認証を搭載することは困難である。

④ サインを多用する国では，行動的な生体認証として筆跡が認証方法として用いられている。

例題 **9** 暗号化

次の共通鍵暗号方式による通信を表した図中の空欄 ア ～ キ に入る最も適当な語句を，後の⓪～⑦から一つずつ選べ。ただし，同じものを繰り返し選んでもよい。

⓪ 平文　　① 暗号文　　② 共通鍵
③ 秘密鍵　④ 共有　　　⑤ 暗号化
⑥ 復号　　⑦ 公開鍵

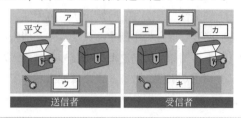

解　 ア ：⑤　 イ ：①　 ウ ：②　 エ ：①　 オ ：⑥　 カ ：⓪　 キ ：②

解法のアシスト

共通鍵暗号方式の特徴には，次のようなものがある。

・公開鍵暗号方式に比べて暗号化と復号の処理速度が速い
・共通鍵を対象に渡す過程で鍵を他者に複製される危険性がある
・対象ごとに別々の共通鍵を用意する必要がある

☑ **練習 9**　共通鍵暗号方式の一つである「シーザー暗号（文字を決まった数だけずらす）」で暗号化された暗号文「MFUUD」を復号すると，「HAPPY」であった。このとき，「INFORMATICS」を暗号化したものとして最も適当なものを，次の⓪～③から一つ選べ。

⓪ DIAJMHVODXN　① NSKTWRFYNTS　② NSKTWRFYNHX　③ PUMVYTHAPJZ

例題 **10** 情報セキュリティに関する法規

以下に示すサイバー犯罪(1)～(3)の類型について，その内容として最も適当なものを，次の⓪～②から一つずつ選べ。

(1) 不正アクセス　　　(2) コンピュータ・電磁的記録対象犯罪
(3) ネットワーク利用犯罪
⓪ ネットワークを介した様々な犯罪行為など。
① 他人のユーザ ID，パスワードを無断で使用して不正にネットワークにアクセスする，なりすまし行為など。
② コンピュータの不正操作や，データの改ざん，窃盗，破壊行為など。

解　(1) ①　　(2) ②　　(3) ⓪

解法のアシスト

(1)～(3)のようなコンピュータやネットワークを利用した犯罪をサイバー犯罪という。

☑ **練習 10**　不正アクセス禁止法違反に該当する具体的な行為として適当でないものを，次の⓪～②から一つ選べ。

⓪ 生徒が校内教職員用のサーバに権限なくアクセスし，成績データを書き換えた。
① 他人の ID・パスワードなどを使ってネットワークに未接続のコンピュータを無断利用した。
② 社内システムに侵入し，社内の重要データを暗号化して閲覧できないようにした。

2章　コミュニケーションと情報デザイン

例題 11　コミュニケーション

コミュニケーションの形態と分類について，次の(1)～(4)の空欄 ア ～ シ に入る最も適当なものを，後の⓪～⑦から一つずつ選べ。ただし，同じものを繰り返し選んでもよい。

(1) 二人での会話

発信者と受信者の人数による分類	ア
発信者と受信者の位置関係による分類	イ
コミュニケーションの同期性による分類	ウ

(2) アンケートの実施

発信者と受信者の人数による分類	エ
発信者と受信者の位置関係による分類	オ
コミュニケーションの同期性による分類	カ

(3) プレゼンテーション発表

発信者と受信者の人数による分類	キ
発信者と受信者の位置関係による分類	ク
コミュニケーションの同期性による分類	ケ

(4) 生徒会の会議

発信者と受信者の人数による分類	コ
発信者と受信者の位置関係による分類	サ
コミュニケーションの同期性による分類	シ

⓪ 個別型　　① マスコミ型　　② 逆マスコミ型　　③ 会議型
④ 直接コミュニケーション　　⑤ 間接コミュニケーション
⑥ 同期型コミュニケーション　　⑦ 非同期型コミュニケーション

解

| ア：⓪ | イ：④ | ウ：⑥ | エ：② | オ：⑤ | カ：⑦ |
| キ：① | ク：④ | ケ：⑥ | コ：③ | サ：④ | シ：⑥ |

解法のアシスト

発信者と受信者の人数や位置関係，コミュニケーションの同期性(時間を共有すること)によって，コミュニケーションの形態は分類することができる。

☐ **練習 11**　次の(1)～(4)の間接コミュニケーションの同期性として最も適当なものを，後の⓪，①から一つずつ選べ。

(1) 電話　　(2) 電子メール　　(3) ビデオ通話　　(4) 掲示板へのお知らせ掲示

⓪ 同期型コミュニケーション　　① 非同期型コミュニケーション

例題 12 メディアリテラシー

次の文章中の空欄 ア ～ エ に入る最も適当なものを，後の⓪～③から一つずつ選べ。

インターネットでは誰でも自由かつ即座に情報を発信することができる半面，誤った情報や偽りの情報などが含まれる場合があるので， ア が保証されているとはいえない。そのため，受信した情報はそのまま信用せず イ に捉え，他の情報と ウ し，正しい情報かを常に確かめなければならない。メディアからの情報を主体的に読み解き，活用し，コミュニケーションを行う能力のことを， エ という。
⓪ メディアリテラシー　① 比較　② 信憑性(しんぴょうせい)　③ 客観的

解 ア：②　イ：③　ウ：①　エ：⓪

解法のアシスト
情報社会にあふれている情報は，受信者自身が正しい情報か個別に判断しなければならない。

☑ **練習 12** 次の文章中の空欄 ア ～ エ に入る最も適当なものを，後の⓪～④から一つずつ選べ。

新聞やテレビ放送のように，新聞社，放送局など，特定の発信者から ア の受信者へ向けた情報伝達に関わる情報メディアを イ という。受信した情報をそのまま受け取らず，別の ウ からの情報と比較して確認することを エ という。
⓪ メディア　① マスメディア　② クロスチェック　③ 特定　④ 不特定多数

例題 13 情報の抽象化

手作りの案内マップに，レストランの場所をイラストで記載することを考える。このとき気を付けるべきこととして最も適当なものを，次の⓪～③から一つ選べ。
⓪ 専門知識がなければ理解できないイラストを用いる。
① 食事をする場所だと端的に伝わるシンプルなイラストを用いる。
② こだわりの食材だと分かる産地や食べ物のイラストを用いる。
③ 特定の国でしか使われていない記号を用いる。

解 ①

解法のアシスト
情報の抽象化では，誰にでも分かりやすく，シンプルかつ情報が正確に伝わる表現を用いる。

☑ **練習 13** 情報の抽象化に関する記述として最も適当なものを，次の⓪～②から一つ選べ。
⓪ 案内看板を作成する際，なるべくたくさんの言語で表記することで情報の抽象化ができる。
① ピクトグラムとは，細部まで表現された精巧なイラストのことである。
② ピクトグラムは特定の言語によらないことから，公共施設などで広く活用されている。

例題 14　情報の可視化

アンケート結果の割合を提示するのに最も適当なグラフを，次の⓪〜③から一つ選べ。

⓪ 折れ線グラフ　　① 横棒グラフ　　② 縦棒グラフ　　③ 円グラフ

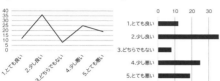 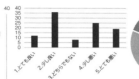 

解 ③

解法のアシスト

視覚的にデータを見やすく表現することは様々な分析に役立つが，データの特性と目的に応じて適切なグラフを使用する必要がある。例題 14 のように，割合を示すことが重要なデータの場合は，円グラフを用いるのが適当である。

☐ **練習 14**　次の(1)〜(3)のデータを表すのに最も適当なグラフを，後の⓪〜⑦から一つずつ選べ。

(1) 毎月の平均気温の変化を表したい。　　(2) 睡眠時間と学力の関係性を表したい。

(3) 自分の試験結果をもとに，教科ごとの成績バランスが分かるように表したい。

⓪ 棒グラフ　　　　① 折れ線グラフ　　② 円グラフ　　　③ ヒストグラム

④ レーダーチャート　⑤ 散布図　　　　　⑥ 箱ひげ図　　　⑦ 積み上げ棒グラフ

例題 15　情報の構造化

情報を整理して表現する手法として「究極の 5 個の帽子掛け」という方法がある。次の表の空欄　ア　〜　オ　に入る最も適当なものを，後の⓪〜④から一つずつ選べ。

ア	物理的な位置を基準にする(例：都道府県別まとめ，施設案内図)
イ	言語的な順番を基準にする(例：辞書，電話帳)
ウ	時間の前後関係を基準にする(例：年表，時刻表，スケジュール)
エ	物事の差異により区別された領域を基準にする(例：図書館分類（NDC），商品陳列)
オ	数量的な変化を基準にする（例：ファイルサイズの大きい順，クチコミ評価順）

⓪ アルファベット（Alphabet）　　　① カテゴリ（Category）

② 階層（Hierarchy）　　③ 位置（Location）　　④ 時間（Time）

解 ア：③　　イ：⓪　　ウ：④　　エ：①　　オ：②

解法のアシスト

あらゆる情報は，LATCH の五つの基準で分類・整理ができるとされている。

☐ **練習 15**　情報の構造化に関する説明として最も適当なものを，次の⓪〜②から一つ選べ。

⓪ 内容を整理するだけなく，表現する際にはレイアウトにも構造化の工夫が必要である。

① 図や表を用いてより分かりやすく情報を伝える構造化の工夫が必要である。

② 余分な情報を取り除き，シンプルに要点を伝える構造化の工夫が必要である。

例題 16 情報デザイン

「シグニファイア」の説明として最も適当なものを，次の⓪〜③から一つ選べ。

⓪ 画像データの中に隠された著作権者を表すマークのこと。

① 国や文化，人種や性別などによる違いを無くす活動のこと。

② 説明が無くとも利用者の適切な行動を誘導する役割を持つデザインのこと。

③ 年齢や障がいの有無によらず，誰にとっても使いやすいデザインのこと。

解 ②

解法のアシスト

ゴミ箱の口の形状で燃えるゴミとペットボトルの分別を促すなど，説明がなくとも利用者の適切な行動を誘導する役割を持つデザインのことを「シグニファイア」という。

☑ **練習 16** 情報デザインの工夫に関する記述として最も適当なものを，次の⓪〜②から一つ選べ。

⓪ 和文文字フォントにおけるゴシック体やポップ体は，伝統的で高級感のある印象を与える。

① 色相環で向かい合った色を類似色といい，互いの色を最も目立たせる色の組み合わせである。

② 明度が近い色同士を組み合わせたデザインは，色が見分けづらくなるため，できるだけ避けるべきである。

例題 17 デジタル情報の特徴

デジタル情報の特徴に関する説明として最も適当なものを，次の⓪〜③から二つ選べ。

⓪ アナログ情報はデジタル情報に比べてノイズに強い。

① 時間や温度などの連続した情報を，針の位置のように連続した量で表現することをアナログという。

② デジタル情報は正確にアナログ情報を表現することができる。

③ 階段の段数やモノの個数など，段階的な数値で表現することをデジタルという。

解 ①，③

解法のアシスト

アナログ情報をデジタル情報に変換する際，段階的な数値で表現するため，失われてしまう情報が発生する。デジタル情報はアナログ情報に比べてノイズに強い。

☑ **練習 17** 次の文章中の空欄 ア ・ イ に入る最も適当なものを，次の⓪，①から選べ。

連続して変化する温度を赤い液体の柱の長さで測る温度計など，連続的に変化する量で表現することを ア といい，連続して変化する量を一定の時間や数値間隔で区切って，段階（離散）的な数値で表現することを イ という。

⓪ デジタル　　① アナログ

例題 18　情報量

次の(1)~(3)の記述について，空欄 ア ~ ウ に当てはまる数を答えよ。

(1) 256 通りの情報を表現するためには ア ビットの情報量が必要である。

(2) 1020 通りの情報を表現するためには，最低 イ ビットの情報量が必要である。

(3) 1 バイトの情報量で表現できるのは ウ 通りである。

解　 ア ：8　　 イ ：10　　 ウ ：256

解法のアシスト

1 ビットの情報量では $2^1 = 2$ 通りの情報を表現できる。256 通りの情報を表現するためには $256 = 2^8$ より，8 ビットの情報量が必要である。同様に 1020 通りの情報を表現するためには $2^9(512) < 1020 < 2^{10}(1024)$ より，最低でも 10 ビットの情報量が必要である。また，8 ビットで 1 バイトという。

練習 18　次の(1)~(3)の記述について，空欄 ア ~ ウ に当てはまる数を答えよ。

(1) 2 バイトの情報量で表現できるのは ア 通りである。

(2) 64 ビットは イ バイトである。

(3) 300 通りの情報を表現するためには，少なくとも ウ ビットの情報量が必要である。

例題 19　2 進数

次の(1)，(2)の記述について，空欄 ア ・ イ に当てはまる数を答えよ。

(1) 2 進数 $110011_{(2)}$ を 10 進数に変換すると ア となる。

(2) 10 進数 $49_{(10)}$ を 2 進数に変換すると イ となる。

解　 ア ：$51_{(10)}$　　 イ ：$110001_{(2)}$

解法のアシスト

数値の 2 進法から 10 進法への変換と，10 進法から 2 進法への変換は，右のように行う。

$$
\begin{array}{cccccc}
1 & 1 & 0 & 0 & 1 & 1_{(2)} \\
\times & \times & \times & \times & \times & \times \\
2^5 & 2^4 & 2^3 & 2^2 & 2^1 & 2^0 \\
\| & \| & \| & \| & \| & \| \\
32 & 16 & 8 & 4 & 2 & 1 \\
\downarrow & \downarrow & \downarrow & \downarrow & \downarrow & \downarrow \\
\end{array}
$$
$32 + 16 + 0 + 0 + 2 + 1 = 51_{(10)}$

2 進法から 10 進法への変換

$$
\begin{array}{ll}
2)\underline{49} & 余り \\
2)\underline{24} & \cdots 1 \\
2)\underline{12} & \cdots 0 \\
2)\underline{\ 6} & \cdots 0 \\
2)\underline{\ 3} & \cdots 0 \\
2)\underline{\ 1} & \cdots 1 \\
0 & \cdots 1 \\
\end{array}
$$
下から順に並べる　　$110001_{(2)}$

10 進法から 2 進法への変換

練習 19　次の問いに答えよ。

(1) 2 進数 $1101_{(2)}$ を 10 進数に変換せよ。

(2) 2 進数 $1111111_{(2)}$ を 10 進数に変換せよ。

(3) 10 進数 $34_{(10)}$ を 2 進数に変換せよ。

(4) 10 進数 $73_{(10)}$ を 2 進数に変換せよ。

(5) 2 進数 $0011_{(2)} + 1001_{(2)}$ の計算をし，2 進数で表せ。

(6) 2 進数 $0011_{(2)} + 0111_{(2)}$ の計算をし，2 進数で表せ。

例題 20 補数を使った 2 進数の引き算

次の(1), (2)の記述について, 空欄 ア・イ に当てはまる数を答えよ。

(1) 4 ビットの 2 進数である $1100_{(2)}$ の補数は ア である。

(2) $1110_{(2)} - 1100_{(2)}$ の計算を $1100_{(2)}$ の補数を用いて行うと イ である。

解 ア：$0100_{(2)}$　　イ：$0010_{(2)}$

解法のアシスト

$$\begin{array}{r} 1100 \\ + \boxed{補数} \\ \hline 10000 \end{array} \rightarrow \begin{array}{r} 10000 \\ - 1100 \\ \hline \boxed{補数} \end{array} \rightarrow \begin{array}{r} 10000 \\ - 1100 \\ \hline \boxed{0100} \end{array}$$

2 進数 4 桁の $1100_{(2)}$ の補数は, 足すと桁上がりして $10000_{(2)}$ になる 2 進数である。上の計算から $1100_{(2)}$ の補数は $0100_{(2)}$ と計算できる。$1110_{(2)}$ に補数 $0100_{(2)}$ を足して桁上がりを無視すると, 求めたい引き算の結果が得られる。

次の(1), (2)の操作によっても, 2 進数の補数を求めることができる。

(1) 1100　　(2)　0011
↓　　→　　＋　 1
0011　　　　$\boxed{0100}$ 補数

(1)各行の 0 と 1 を反転する
(2)1 を足す

☐ **練習 20**　次の(1), (2)の記述について, 空欄 ア・イ に当てはまる数を答えよ。

(1) 2 進数 $00101_{(2)}$ の補数は ア である。

(2) 2 進数 $11001_{(2)} - 00101_{(2)}$ は イ である。

例題 21 浮動小数点数

次の文章中の空欄 ア ～ ウ に入る最も適当なものを, 後の⓪～③から一つずつ選べ。

コンピュータ内部で小数部分を含む実数を表現するには, 浮動小数点数がよく用いられる。例えば 2 進数の浮動小数点数の表現方法として「0 を正, 1 を負とした ア 」,「一番小さな指数が 0 となるように数値を加え, 調整した イ 」,「最上位の桁は常に 1 となるので 1 を省略し, その次の 2 番目の桁からの値である ウ 」を用いた場合,「 ア イ ウ 」の順に並べて表現される。

⓪ 仮数部　　① 固定部　　② 指数部　　③ 符号部

解 ア：③　　イ：②　　ウ：⓪

解法のアシスト

コンピュータでは, できるだけ広い範囲の数値を一定のビット数(情報量)で表すため浮動小数点数のような工夫が行われている。しかし, 表現できる数値の範囲や精度には限界があり, コンピュータで計算した値は正しい値と異なる場合がある。これを誤差という。

☐ **練習 21**　次の文章中の空欄 ア・イ に入る最も適当なものを, 後の⓪～③から一つずつ選べ。

コンピュータでの計算における誤差について, 扱える数値の桁数の上限を超えることを ア といい, 絶対値が小さくなりすぎることを イ という。

⓪ サンプリング　　① オーバーフロー　　② ストリーミング　　③ アンダーフロー

例題 22 文字のデジタル化

右の文字コード表（JIS コード表の一部）において，「P」は「01010000$_{(2)}$」と表すことができる。このとき，次の(1)～(4)の問いに答えよ。

表1　JIS コード表の一部

	2進数	0000	0001	0010	0011	0100	0101	0110	0111
2進数	16進数	0	1	2	3	4	5	6	7
0000	0	NUL	DLE	(空白)	0	@	P	`	p
0001	1	SOH	DC1	!	1	A	Q	a	q
0010	2	STX	DC2	"	2	B	R	b	r
0011	3	ETX	DC3	#	3	C	S	c	s
0100	4	EOT	DC4	$	4	D	T	d	t
0101	5	ENQ	NAK	%	5	E	U	e	u

(1) 「e」に対応する文字コードを2進数で表せ。

(2) 「D」に対応する文字コードを16進数で表せ。

(3) 01100010$_{(2)}$ に対応する文字を答えよ。

(4) 52$_{(16)}$ 73$_{(16)}$ に対応する文字列を答えよ。

解 (1) 01100101$_{(2)}$　　(2) 44$_{(16)}$　　(3) b　　(4) Rs

解法のアシスト

コンピュータでは，表1のように一つひとつの数字やアルファベットに文字コードを割り付けて扱っている。

☐ **練習 22** 例題 22 の表1について，次の(1)，(2)の問いに答えよ。

(1) 「B」に対応する文字コードを2進数で表せ。

(2) 「#」に対応する文字コードを16進数で表せ。

例題 23 音のデジタル化

音のデジタル化に関する次の⓪～④の記述について，適当なものをすべて選べ。

⓪ 標本化周波数を4 kHz にした場合の標本化周期は 0.00025 秒である。

① 標本化周波数が高いほど，もとのアナログ波形に近くなる。

② 標本化周波数が高いほど，データ量は少なくなる。

③ データを 16 段階で量子化するには，量子化ビット数が最低4ビット必要である。

④ もとのアナログ波形の最大周波数が 30 Hz のとき，もとのアナログ波形を再構成するために必要な最小の標本化周波数は 90 Hz である。

解 ⓪，①，③

解法のアシスト

⓪ 毎秒4 kHz＝4000 回の波なので，周期は 1/4000＝0.00025 秒となる。

② 標本化周波数が高いほど，1秒当たりのデータ量は増える。

③ 16 種類の情報を表すには 2^4＝16 より，最低でも4ビット必要になる。

④ もとのアナログ波形の最大周波数の2倍を超えた周波数で標本化すれば，もとのアナログ波形を再構成することができる。これを標本化定理という。

☐ **練習 23** 次の文章中の空欄 ア に当てはまる数を答えよ。

量子化ビット数を3ビット増やすと，量子化の段階は ア 倍となる。

例題 24 画像のデジタル化

画像のデジタル化に関する次の文章を読み，空欄 ア ～ エ に入る最も適当なものを，後の⓪～⑥から一つずつ選べ。

画像をデジタル化するには，画素の濃淡情報を光センサで一定の距離間隔で読み取り ア する。その後，読み取った値を イ し，0と1の2進数の値に ウ する。 ア の際，どれだけ画像を細かく分割するかによって，画素の細かさである エ が変わる。

⓪ 解像度　　① 細分化　　② 緻密度　　③ 定量化
④ 標本化　　⑤ 符号化　　⑥ 量子化

解 ア ：④　　　イ ：⑥　　　ウ ：⑤　　　エ ：⓪

解法のアシスト

画像の量子化では，光の三原色ごとに各画素の明るさを最も近い段階値にそろえて数値化する。画像の色成分で，一番明るい状態から一番暗い状態までを何段階に分けるかを表す段階数を，階調という。

☐ **練習 24** 次の文章中の空欄 ア ～ ウ に入る最も適当なものを，後の⓪～⑦から一つずつ選べ。

光の三原色のうち，赤と ア の光を合わせるとマゼンタとなり， ア と イ の光を合わせるとシアンとなる。解像度は dpi や ppi という単位で表し，数値が ウ ほど画素が細かい。

⓪ 青　① 赤　② イエロー　③ シアン　④ マゼンタ　⑤ 緑　⑥ 高い　⑦ 低い

例題 25 圧縮の種類

圧縮に関する次の⓪～③の記述について，適当なものを一つ選べ。

⓪ 圧縮したデータをもとに戻す処理を展開や伸張という。
① 画像の圧縮形式である JPEG 形式は，可逆圧縮である。
② 文書ファイルは非可逆圧縮を用いて情報の圧縮を行うとよい。
③ 圧縮率 90 ％と圧縮率 40 ％では，圧縮率 90 ％の方がデータ量が少ない。

解 ⓪

解法のアシスト

JPEG 形式は非可逆圧縮形式であり，圧縮効率を高めると画質が落ちる。文書ファイルは可逆圧縮形式を用いなければ内容が変わってしまうため，非可逆圧縮方式は適さない。

$$圧縮率（\%）＝圧縮後のデータ量／圧縮前のデータ量×100$$

であり，値が小さいほど圧縮効率はよい。

☐ **練習 25** 8192 ビットのデータをある圧縮方法で 6144 ビットに圧縮した。この変換における圧縮率は何％か答えよ。

3章　コンピュータとプログラミング

例題 26　論理回路と真理値表

論理和（OR）回路の図記号と真理値表を，それぞれ次の⓪～⑤から一つずつ選べ。

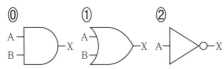

③

入力	出力
A	X
0	1
1	0

④

入力		出力
A	B	X
0	0	0
0	1	0
1	0	0
1	1	1

⑤

入力		出力
A	B	X
0	0	0
0	1	1
1	0	1
1	1	1

解　図記号：①，真理値表：⑤

解法のアシスト

　図記号は AND を覚える（AND の D と同じ形）とよい。⓪と④は論理積（AND），①と⑤は論理和（OR），②と③は否定（NOT）の回路の図記号および真理値表である。

☐ **練習 26**　次の組み合わせ論理回路の真理値表を右に示す。このとき，空欄 ア に入る数値を答えよ。

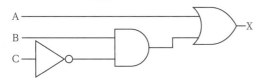

入力			出力
A	B	C	X
0	0	0	0
0	0	1	0
0	1	0	ア
0	1	1	0
1	0	0	1
1	0	1	1
1	1	0	1
1	1	1	1

例題 27　五大装置

右の図はコンピュータの基本的な構成を表したものである。図中の空欄 ア ～ カ に入る最も適当なものを，次の⓪～⑤から一つずつ選べ。

⓪ 制御装置　　① 入力装置
② 出力装置　　③ 演算装置
④ 主記憶装置
⑤ 補助記憶装置

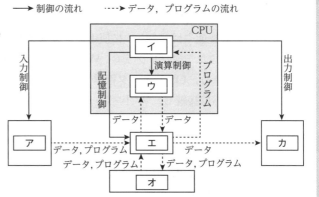

解　 ア ：①　　 イ ：⓪　　 ウ ：③　　 エ ：④　　 オ ：⑤　　 カ ：②

解法のアシスト

　記憶装置には主記憶装置と補助記憶装置がある。データはすべて主記憶装置を経由する。

☐ **練習 27**　次のうち，CPU（Central Processing Unit）が担っているおもな機能を二つ選べ。
⓪ 制御　　① 入力　　② 出力　　③ 演算　　④ 記憶

例題 28 コンピュータの動作

次の⓪～④の五段階に分けた処理装置への命令(プログラム)を,実行順に選べ。

⓪ 結果の格納(演算結果を記憶装置に格納する)

① 命令の解読(制御装置で命令を解読する)

② 命令の実行(演算装置で命令を実行する)

③ 命令の取り出し(記憶装置から命令を取り出す)

④ データの取り出し(記憶装置から命令の実行に使うデータを演算装置に取り出す)

解 ③, ①, ④, ②, ⓪

解法のアシスト

　コンピュータの動作は,命令を取り出し,解読し,実行することである。実行する前にはデータを取り出し,実行後はデータを格納する必要がある。

☑ **練習 28** 次のような仮想コンピュータにおいて,命令を実行した際に 12 番地に書き込まれるデータを答えよ。なお,主記憶装置には,命令が 1 ～ 5 番地,データが 10～11 番地にそれぞれ保存されているものとする。

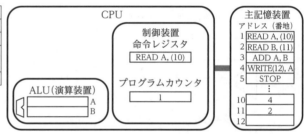

命令一覧	
READ	メモリからレジスタに読み出し
WRITE	レジスタからメモリに書き込み
ADD	レジスタ間の和 (ADD X, Y は,X+Yの値をXに書き込む)
STOP	プログラムの停止

CPU
制御装置
命令レジスタ
READ A, (10)
プログラムカウンタ
1
ALU(演算装置)
A
B

主記憶装置
アドレス(番地)
1 READ A, (10)
2 READ B, (11)
3 ADD A, B
4 WRITE(12), A
5 STOP
⋮
10 4
11 2
12

例題 29 基本ソフトウェアと応用ソフトウェア

基本ソフトウェアに関する説明として最も適当なものを,次の⓪～③から一つ選べ。

⓪ ある特定の機能や目的のために使用されるソフトウェアのこと。

① 他のソフトウェアやプログラム,Web サービス間をつなぐインタフェースのこと。

② OS などがあり,OS はデータ管理やハードウェア制御などを行う。

③ Web サーバに接続し,Web ページの表示やハイパーリンクをたどる機能を持つ。

解 ②

解法のアシスト

　基本ソフトウェアには,データ管理やハードウェア制御などを行う OS(オペレーティングシステム)などがある。

☑ **練習 29** 応用ソフトウェアとして適当でないものを,次の⓪～③から一つ選べ。

⓪ プログラミング言語　　① 表計算ソフトウェア

② Web ブラウザ　　③ 文書作成ソフトウェア

例題 30　CPU の処理能力

次の⓪～②の CPU について，理論上の処理能力が高い順に並べ替えよ。ただし，表に示されていないその他の条件はすべて同一とする。

	⓪	①	②
クロック周波数	3.8 GHz	3.4 GHz	3.4 GHz
コア数 / スレッド数	8 / 8	4 / 4	4 / 8

解　⓪，②，①

解法のアシスト

クロック周波数とは，CPU の動作の速さを表す指標であり，CPU 内の発振器が 1 秒間に発生させる信号の回数を表す。コアとは，CPU 内にある「命令を処理する装置」のことで，スレッド数とは「一つのコアが同時に処理できる作業の数」のことである。一般に，クロック周波数が大きいほど，コア数が多いほど，スレッド数が多いほど高性能であるとされる。

☐ **練習 30**　次の⓪～③の CPU について，理論上の処理能力が一番高いものを一つ選べ。ただし，表に示されていないその他の条件はすべて同一とする。

	⓪	①	②	③
クロック周波数	3.5 GHz	3.1 GHz	2.9 GHz	3.5 GHz
コア数 / スレッド数	4 / 4	2 / 4	2 / 4	8 / 8

例題 31　演算誤差

表計算ソフトウェアで 1.2 − 1.1 の計算をして小数第 17 位まで表示すると，図 1 の結果が得られた。この理由として考えられる最も適当なものを，次の⓪～③から一つ選べ。

⓪ 扱える桁数を超えてしまったから。

① 計算を途中で打ち切ってしまったから。

② 近い大きさの小数同士で減算を行った結果，有効数字が減ってしまったから。

③ 限られた桁数で数値を表現しようとした結果，丸められてしまったから。

	A	B
1	1.2	
2	1.1	
3	0.09999999999999990	←計算式"=A1-A2"の実行結果

図 1　例題 31 の実行結果

解　③

解法のアシスト

10 進数の 0.1 を 2 進数に変換すると 0.00011001… のように無限に続く小数になる。しかし，コンピュータは有限のビット数で数値を扱うので，一定の桁数以上は処理することができず，図 1 のようなことになる。これを丸め誤差という。

☐ **練習 31**　0.1234 − 0.1233 の計算結果として 0.0001 を得た。この計算で誤差は生じていないが，有効数字は 4 桁から 1 桁に減っている。このような現象に最も適する語句を，次の⓪～④から一つ選べ。

⓪ 情報落ち　　① 丸め誤差　　② 打ち切り誤差　　③ 桁落ち　　④ 桁あふれ

例題 32 モデルの分類

次の(1)～(3)で用いるのに最も適当と思われるモデルの表現形式を，後の⓪～②から一つずつ選べ。

(1) 企業の組織構造を視覚的に表現したい。

(2) 投資の利益を予測したい。

(3) 大型船の船体強度を模型を使って確かめたい。

⓪ 縮尺モデル　　① 数式モデル　　② 図的モデル

解 (1) ②　　(2) ①　　(3) ⓪

解法のアシスト

モデルには様々なものがあるが，表現形式や特性で使い分ける。

モデルの表現形式による分類：縮尺モデル，数式モデル，図的モデル

対象の特性による分類：確定的モデル，確率的モデル　　などがある。

☑ **練習 32**　モデルの対象の特性による分類として，確定的モデルと確率的モデルがある。確率的モデルを用いるのが適当と思われるものを，次の⓪～③から一つ選べ。

⓪ 10万円を年利1％の1年ごとの複利で10年預金した場合の受取額。

① 数学の二次方程式。

② さいころを一つ振ったとき，特定の目が出る割合。

③ パソコンの消費電力が一定の場合の，バッテリー容量と稼働時間の関係。

例題 33 モデル化

モデル化の手順を示した次の空欄 ア ～ ウ に入る最も適当なものを，後の⓪～②から一つずつ選べ。

手順1 ア → 手順2 イ → 手順3 ウ → 手順4 モデルを改善する

⓪ モデルの構造を決定する。

① モデルを数式などの形で表現する。

② モデル化の目的を明確にする。

解 ア ：②　　 イ ：⓪　　 ウ ：①

解法のアシスト

まず，モデル化の目的を明確にし，構造を決定する。構造を決定する際には，目的に応じて必要な要素だけを残す。

☑ **練習 33**　一定の流入速度でプールに水を入れる場合を考える。このときの水量変化をモデル化する手順として，次の⓪～③を適当な順に選べ。ただし，モデル化の手順は例題33に従うとする。

⓪ 数式モデルの時間間隔が"1時間"で固定されていたので，"1分"単位に変更した。

① 必要な要素として，「流入速度」を「変化の速さ」，「水量」を「蓄積量」と決定した。

② プールの水の止め忘れを防ぐために，水量変化を可視化することにした。

③ 「流入速度」と「水量」の時間的な変化に着目し，数式を立てた。

例題 34　シミュレーション

モンテカルロ法に関する説明として最も適当なものを，次の⓪～③から一つ選べ。

⓪　機械学習の一種であり，過去のデータに基づいて未来を予測する。

①　乱数を用いたシミュレーションを繰り返し行うことで，近似解を得る手法。

②　乱数を用いないシミュレーションを繰り返し行うことで，近似解を得る手法。

③　統計学的な推測を行うための手法で，標本データから母集団の性質を推定する。

解　①

解法のアシスト

モンテカルロ法とは，シミュレーションや数値計算を乱数を用いて行う手法の総称である。

☐ **練習 34**　ある国で元金 10,000 円で年利率 20 ％の複利で預金した場合を考える。このとき，預金残高シミュレーションの図として最も適当なものを，次の⓪～③から一つ選べ。

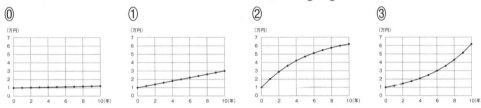

例題 35　フローチャートとアクティビティ図

アクティビティ図の説明として最も適当なものを，次の⓪～③から一つ選べ。

⓪　中心テーマから放射状に関連するキーワードやアイデアを広げた図。

①　プロジェクト管理などの工程管理に用いられ，作業計画を視覚的に表現した図。

②　UML（統一モデリング言語）の一種で，システムなどの流れを可視化した図。

③　データを降順に並べた棒グラフと，その累積構成比率を示す折れ線グラフを組み合わせて表示した図。

解　②

解法のアシスト

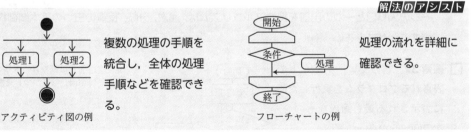

 練習 35　アクティビティ図を用いた表現が最も適当と思われるものを，次の⓪～③から一つ選べ。

⓪　ある商品の製造工程　　①　あるアプリケーションの画面配置レイアウト

②　ある組織の構成　　③　あるイベントのタイムスケジュール

例題 36 状態遷移図

状態遷移図の説明として最も適当なものを，次の⓪〜③から一つ選べ。

⓪ フローチャートと似ているが，複数の処理があるシステムなどを俯瞰（ふかん）して表現しやすい。

① 横軸と縦軸にそれぞれ別の量を取り，データが該当するところに点を打って示す。

② 情報を分解し，大，中，小の分類へと，重複なく階層構造に分類して表現する。

③ 時間や条件の変化に応じて状況が変わるシステムの振る舞いを記述するのに適している。

解 ③（⓪はアクティビティ図，①は散布図，②はロジックツリーの説明）

解法のアシスト

状態遷移図を作成することで，全体の状態や遷移の条件を俯瞰（ふかん）的に捉えることができる。

☐ **練習 36** 次の図はある家庭用照明の状態遷移図である。「ON, OFF, NEXT」の三つのボタンがあるリモコンで操作する場合，消灯状態から「ON→NEXT→OFF→ON→NEXT→NEXT→NEXT」とボタンを押し下げたときの電灯の状態として最も適当なものを，次の⓪〜③から一つ選べ。

⓪ 消灯　　① 電球色　　② 昼光色　　③ 昼白色

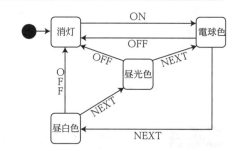

例題 37 プログラムの基本構造

右の⓪〜②に示すフローチャートで表されたプログラムの基本構造のうち，分岐（選択）構造を表しているものを一つ選べ。

解 ①（⓪は順次構造，②は反復構造のフローチャートである）

解法のアシスト

一つの入り口と一つの出口を持つアルゴリズムは，順次，分岐，反復の三つの基本制御構造で表すことができる。

☐ **練習 37** 右のフローチャートで表されるプログラムを実行した際に表示される最も適当なものを，次の⓪〜⑤から一つ選べ。

⓪ FizzBuzz　　① Fizz

② Buzz　　③ x

④ 15　　⑤ 30

「％」は割り算の余りを表し，「and」は「かつ」を意味する。

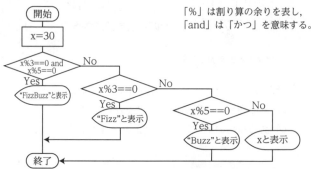

例題 38　変数

次のプログラムの実行結果として最も適当なものを，後の⓪〜③から一つ選べ。

```
(1)  a = 10
(2)  b = "20"
(3)  表示する(a － b)
```

⓪ 「30」と表示される。　　①「-10」と表示される。
② 「1020」と表示される。　③ エラーが発生する。

解 ③（a は整数型，b は文字列型であるので，演算はできない）

解法のアシスト

変数の型が異なるもの同士で演算はできない。

☐ **練習 38**　次のプログラムの実行結果として最も適当なものを，後の⓪〜③から一つ選べ。

```
(1)  a = 5
(2)  a = 2
(3)  表示する(a)
(4)  a = a + 3
(5)  表示する("a")
(6)  表示する(a)
```

⓪ 「2
　　5
　　5」と表示される。

① 「5
　　2
　　3」と表示される。

② 「2
　　a
　　5」と表示される。

③ 「5
　　a
　　2」と表示される。

例題 39　配列

次のプログラムの実行結果として最も適当なものを，後の⓪〜⑥から一つ選べ。ただし，配列の要素を指定する添字は 0 から始まる。

```
(1)  Week = ["日", "月", "火", "水", "木", "金", "土"]
(2)  表示する(Week[3])
```

⓪ 「日」と表示される。　　①「月」と表示される。　　②「火」と表示される。
③ 「水」と表示される。　　④「木」と表示される。　　⑤「金」と表示される。
⑥ 「土」と表示される。

解 ③（要素番号を指定する添字が 0 から始まるので，Week[3] は四つ目の "水" になる）

解法のアシスト

配列の各要素は，配列名と添字，角括弧で Week[1] のように表す。

☐ **練習 39**　次のプログラムを実行した際，実行画面に表示される名前の順として最も適当なものを，後の⓪〜③から一つ選べ。ただし，配列の要素を指定する添字は 0 から始まる。

```
(1)  Name = ["佐藤", "鈴木", "高橋", "田中", "伊藤", "渡辺", "山本", "中村"]
(2)  iを1から5まで2ずつ増やしながら繰り返す:
(3)  └ 表示する(Name[i])
```

⓪ 佐藤，鈴木　　　　①鈴木，田中，渡辺
② 佐藤，高橋，伊藤　③高橋，田中，伊藤

例題 40 探索

二分探索に関する最も適当な記述を，次の⓪〜②から一つ選べ。

⓪ 目的の数が探索順の先頭に近いほど，探索回数は少なくなるアルゴリズムである。

① 目的の数が探索順の末尾に近いほど，探索回数は少なくなるアルゴリズムである。

② あらかじめ配列の要素を昇順または降順に並べ替えておく必要がある。

解 ②（⓪は線形（逐次）探索についての記述である）

解法のアシスト

二分探索は，探索の範囲を半分に絞り込む操作を繰り返して目的のデータを見つける。

□ **練習 40** 次の線形探索アルゴリズムのプログラムの空欄 ア に入る最も適当なものを，後の⓪〜③から一つ選べ。なお，要素数() は引数として与えた配列の要素数を返す関数である。

```
(1) Data = [29,7,48,39,19,37,25,33,27,34,20,35,12,5]
(2) atai = 27, kazu = 要素数(Data), i = 0
(3) i < kazu and Data[i] [ ア ] ataiの間繰り返す:
(4) └ i = i + 1
(5) もしi < kazuならば:
(6) │ 表示する(i + 1, "番目に発見しました。")
(7) そうでなければ:
(8) └ 表示する("見つかりませんでした。")
```

⓪ >
① <
② ==
③ !=

例題 41 整列（ソート）

次のバブルソートのプログラムの空欄 ア に入る最も適当なものを，後の⓪〜③から一つ選べ。なお，要素数() は引数として与えた配列の要素数を返す関数である。

```
(1) Data = [4,2,5,1,3] , kazu = 要素数(Data)
(2) iをkazu - 1から1まで1ずつ減らしながら繰り返す:
(3) │ jを0から [ ア ] まで1ずつ増やしながら繰り返す:
(4) │ │ もしData[j] > Data[j + 1]ならば:
(5) │ │ │ temp = Data[j]
(6) │ │ │ Data[j] = Data[j + 1]
(7) └ └ └ Data[j + 1] = temp
(8) 表示する(Data)
```

⓪ 1
① i
② i + 1
③ i - 1

入れ替え処理

解 ③

解法のアシスト

バブルソートは端から順に隣り合う二つのデータを比較し，昇順または降順になるよう交換していくアルゴリズムである。

□ **練習 41** 例題 41 に示すプログラムの(5)〜(7)行目の入れ替え処理が実行される回数を答えよ。

4章　情報通信ネットワークとデータの利用

例題 42　ネットワークの種類

次の文章中の空欄　ア　～　ウ　に入る最も適当なものを，後の⓪～④から一つずつ
選べ。

　家庭内や企業内などの限られた範囲のネットワークを　ア　といい，　ア　が相互
に接続されたネットワークを　イ　という。さらに，多くの　ア　や　イ　が世界規
模で相互接続されたものを　ウ　という。

⓪ VPN　　① WWW　　② インターネット　　③ LAN　　④ WAN

解　ア：③　　イ：④　　ウ：②

解法の アシスト

　LAN は Local Area Network の略で，家庭内や企業内などの限られた範囲のネットワーク
を指し，その LAN と LAN をつなぐネットワークが WAN（Wide Area Network）になる。

☐ **練習 42**　次の図はネットワークの概念図である。(1)～(3)に入る組み合わせとして最も適当なも
のを，次の⓪～④から一つ選べ。

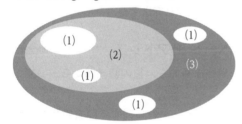

	(1)	(2)	(3)
⓪	WAN	インターネット	LAN
①	LAN	WAN	インターネット
②	インターネット	LAN	WAN
③	LAN	インターネット	WAN
④	インターネット	WAN	LAN

例題 43　プロトコル

次の(1)～(5)と最も関連の深いプロトコルを，後の⓪～④から一つずつ選べ。
(1) Web ページの閲覧　　(2) 電子メールの送信　　(3) データの通信経路の選択
(4) ファイルのアップロード　　(5) データの送信・受信の確認
⓪ FTP　　① TCP　　② SMTP　　③ IP　　④ HTTPS

解　(1) ④　　(2) ②　　(3) ③　　(4) ⓪　　(5) ①

解法の アシスト

　プロトコルはコンピュータが通信するときの約束事のことで，アプリケーションや通信手段
ごとにたくさんの種類がある。これにより，国や機器メーカーを問わず利用できている。

☐ **練習 43**　プロトコルに関する最も適当な記述を，次の⓪～③から一つ選べ。

⓪ メーカーが異なる機器であっても，同一のプロトコルを使っている場合は相互に通信できる。

① インターネットで用いられるプロトコルは，国ごとに異なっている。

② スイッチングハブなどの通信機器は，アプリケーション層のプロトコルで規格制定されている。

③ インターネットのプロトコルは，TCP/IP のみが世界で統一されている。

例題 44 LAN の構成

次のネットワークを表した図中の空欄 ア ～ ウ に入る最も適当な組み合わせを，次の⓪～③から一つ選べ。

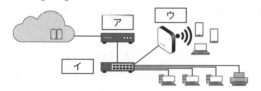

	ア	イ	ウ
⓪	ルータ	ハブ	アクセスポイント
①	ハブ	ルータ	アクセスポイント
②	アクセスポイント	ルータ	ハブ
③	アクセスポイント	ハブ	ルータ

解 ⓪

解法のアシスト

ルータは異なるネットワークとの通信を中継する装置で，パケットの経路選択を行う。ハブは複数の LAN ケーブルを集約する集線装置である。

☑ **練習 44** ルータに関する最も適当な記述を，次の⓪～③から一つ選べ。

⓪ MAC アドレスをもとに，データを該当するコンピュータに転送する。

① IP アドレスをもとに，データを次のネットワークに転送する。

② 有線 LAN のデータを無線で扱えるようにする。

③ 公衆回線を仮想的に専用線のように扱い，データを安全に転送する。

例題 45 グローバル IP アドレスとプライベート IP アドレス

次の文章中の空欄 ア ～ エ に入る最も適当なものを，後の⓪～③から一つずつ選べ。

　IP アドレスは，ネットワークに参加するコンピュータを識別する固有番号の一つである。これには，32 bit で表す ア 形式と 128 bit で表す イ 形式の二つの形式がある。また，IP アドレスには LAN 内で唯一のアドレスである ウ アドレスと，インターネット上で唯一のアドレスである エ アドレスの 2 種類がある。インターネットに直接接続している機器には， エ アドレスが付与される。

⓪ プライベート IP　　① グローバル IP　　② IPv4　　③ IPv6

解 ア ： ②　　イ ： ③　　ウ ： ⓪　　エ ： ①

解法のアシスト

グローバル IP アドレスは世界中で一意のアドレスで，インターネットに直接接続する機器に割り当てられる。一方，プライベート IP アドレスは LAN 内で一意のアドレスで，管理者が自由に割り当てられる。なお，IP アドレスはそれぞれのネットワークの範囲内で重複すると，正常に通信できなくなってしまう。

☑ **練習 45** 右に示す環境下において，グローバル IP アドレスが付与される機器を，⓪～④から一つ選べ。

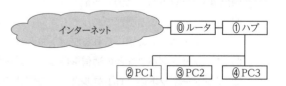

例題 46　ドメイン名とDNS

次の図は，AさんからBさん（Abc@jikkyo.co.jp）宛てに電子メールを送信する流れである。空欄　ア　に入るサーバとして最も適当なものを，次の⓪～③から一つ選べ。

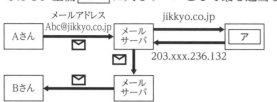

⓪　SMTP サーバ
①　POP サーバ
②　DHCP サーバ
③　DNS サーバ

解　③

解法のアシスト

DNS はドメイン名と IP アドレスを変換する仕組みである。例題 46 の図では，ドメイン名（jikkyo.co.jp）の問い合わせに対して IP アドレス（203.xxx.236.132）が返ってきていることが読み取れる。

☑ 練習 46　DNS の役割として最も適当なものを，次の⓪～③から一つ選べ。
⓪　クライアントからの要求によって，ファイルをサーバへ転送する。
①　ドメインと IP アドレスを対応付ける名前解決を行う。
②　ネットワークに参加する機器に対し，未使用の IP アドレスを割り当てる。
③　送信者からの電子メールを受信者のメールサーバへ転送する。

例題 47　回線交換方式とパケット交換方式

パケット交換方式の説明として適当なものを，次の⓪～③からすべて選べ。
⓪　通信回線を独占して利用するため，回線の利用効率が高い。
①　同一の通信回線には，宛先の異なるデータが混在して通信される。
②　通信回線にデータを小さな単位に分割して送信する。
③　一つの通信回線では，一組の通信しか行うことができない。

解　①，②

解法のアシスト

回線交換方式は，アナログの電話のように二点間が直接接続されることで通信が確立し，接続中は回線を占有する。パケット交換方式は，データをパケットという小単位に分割し，同じ回線に宛先の異なるパケットを混在させて送信するため，回線を占有せず通信できる。

☑ 練習 47　次の文章中の空欄　ア　～　ウ　に入る最も適当なものを，後の⓪～⑤から一つずつ選べ。

　コンピュータネットワークでは　ア　交換方式で通信していることが多く，データを小さなまとまりに分割し，それぞれに宛先や分割した順序などの　イ　情報を付加して送信する。そのため，通信回線を　ウ　できるため，回線の利用効率が高い。
⓪　回線　　①　パケット　　②　ヘッダ　　③　フッタ　　④　独占　　⑤　共有

例題 48 無線 LAN と情報セキュリティ

次の文章中の空欄 ア ・ イ に入る最も適当なものを，後の⓪〜③から一つずつ選べ。

無線 LAN は TCP/IP プロトコルの4つの階層構造のうち， ア 層で規定されている。無線 LAN は LAN ケーブルを使わなくてもネットワークに接続できるが，意図しない第三者の侵入や通信内容の傍受を防ぐためにはアクセスポイントの イ 設定が不可欠である。

⓪ 初期化　　① 暗号化　　② トランスポート　　③ ネットワークインタフェース

解 ア ：③　　イ ：①

解法のアシスト

無線 LAN は電波の届く範囲であれば，どこからでも接続することができる。ネットワークへの不正な侵入や通信内容の盗聴を防ぐためには，暗号化の設定が必須である。

☐ **練習 48** 街中の公衆無線 LAN に関する記述として最も適当なものを，次の⓪〜③から一つ選べ。

⓪ アクセスポイントに暗号化の設定がされている場合，HTTPS で通信される。

① 暗号化の設定がされているアクセスポイントに，偽物のアクセスポイントは存在しない。

② アクセスポイントに接続されている機器同士で通信できる場合もあるので，第三者に侵入される可能性がある。

③ 電波が入ったときにすぐ使えるよう，自動接続の設定を ON にしておくことが望ましい。

例題 49 クライアントサーバシステム

次の文章中の空欄 ア 〜 ウ に入る最も適当なものを，後の⓪〜③から一つずつ選べ。

スマートフォンでインターネットを閲覧する場合，URL のドメイン名の IP アドレスを DNS サーバに問い合わせ，提供された IP アドレスをもとに Web サーバに接続する。このとき，スマートフォンと DNS サーバや Web サーバは，スマートフォンが ア ，DNS サーバや Web サーバが イ の関係にあり， ウ の構成にある。

⓪ 上位　　① 下位　　② クライアントサーバシステム　　③ ピアツーピア

解 ア ：①　　イ ：⓪　　ウ ：②

解法のアシスト

クライアントサーバシステムは分散処理の一つで，サービスを提供するサーバと，サービスを要求するクライアントにコンピュータを分離するシステム形態である。

☐ **練習 49** クライアントサーバシステムを示す最も適当な図を，次の⓪〜②から一つ選べ。

⓪
ホストコンピュータ

①

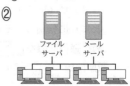

②
ファイル　メール
サーバ　サーバ

例題 50　サーバの種類

次の(1)~(3)の説明として最も適当なものを，後の⓪~②から一つずつ選べ。

(1) 利用者が正規の利用者であるかの認証や利用権限の設定を行う。

(2) クライアントの代わりに，インターネットへアクセスを行う。

(3) ドメイン名と IP アドレスの変換を相互に行う。

⓪ プロキシサーバ　　① DNS サーバ　　② 認証サーバ

解　(1) ②　　(2) ⓪　　(3) ①

解法のアシスト

クライアントサーバシステムでは分散処理を行っている。そのため，役割に応じて様々なサーバが存在している。代表的なものに Web サーバやメールサーバなどがある。

☐ **練習 50**　次の(1)~(3)の役割を担うサーバとして最も適当なものを，後の⓪~③から一つずつ選べ。

(1) データの保管を行う　　(2) 電子メールの送信を行う　　(3) 印刷のジョブの管理を行う

⓪ POP サーバ　　① プリントサーバ　　② ファイルサーバ　　③ SMTP サーバ

例題 51　メールの仕組み

次の図は，A さんから B さんに電子メールを送信するときの流れである。　ア　~　ウ　に入る最も適当なプロトコルを，次の⓪~③から一つずつ選べ。ただし，同じものを複数回用いてもよい。

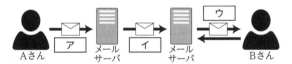

⓪ SMTP　　① HTTP
② IMAP　　③ FTP

解　ア：⓪　　イ：⓪　　ウ：②

解法のアシスト

電子メールを送信するプロトコルは SMTP，受信するプロトコルは POP と IMAP である。POP と IMAP のおもな違いは，メールの保存場所である。POP はメールを端末に保存することを基本とし，サーバからデータをダウンロードする。IMAP はメールをサーバで保存することを基本とする。

☐ **練習 51**　次の図のように電子メールを送受信するとき，空欄　ア　~　ウ　に入るプロトコルの組み合わせとして最も適当なものを，次の⓪~③から一つ選べ。

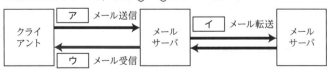

⓪　ア：POP　　イ：SMTP　　ウ：SMTP

①　ア：SMTP　　イ：POP　　ウ：SMTP

②　ア：SMTP　　イ：SMTP　　ウ：POP

③　ア：SMTP　　イ：POP　　ウ：POP

例題 52　電子商取引

次の文章中の空欄 ア ～ オ に入る最も適当な語句を答えよ。

　インターネットによる商取引を ア という。商取引のうち企業間の取引を イ ，企業と消費者間の取引を ウ ，消費者間の取引を エ という。 ア のために Web サイトでログインする際には，偽サイトによる オ 詐欺などの可能性もあるので，安易にアクセスせず URL を確認するなど，正規サイトであるか注意する。

解 ア ：電子商取引（e-コマース）　 イ ：B to B　 ウ ：B to C
　　 エ ：C to C　 オ ：フィッシング

解法のアシスト

インターネット上で売買を行うことを電子商取引（Electronic Commerce）という。商取引は，取引相手によって，企業対企業：B to B（Business to Business），企業対個人：B to C（Business to Consumer），個人対個人：C to C（Consumer to Consumer）に分類できる。

☐ **練習 52**　電子商取引の説明として最も適当なものを，次の⓪～③から一つ選べ。

⓪ 個人出品のフリマアプリによる取引を B to B という。

① EC サイトを運営できる企業は，実店舗を持つ企業のみに限定されている。

② B to C による通信販売では，特定商取引法の定めによりクーリングオフが認められる。

③ EC モールの運営者と出店者が異なる場合もあるため，利用者は取引相手をよく確認する。

例題 53　電子マネー

次の文章中の空欄 ア ～ ウ に入る最も適当なものを，後の⓪～④から一つずつ選べ。

　貨幣価値をデジタルデータ化し，記録したものが ア である。このデジタルデータは， ア 発行会社のサーバで管理される イ 型と，非接触型 IC カードに記録される ウ 型に分けられる。

⓪ 仮想通貨　　① 電子マネー　　② IC カード　　③ ネットワーク　　④ SSID

解 ア ：①　 イ ：③　 ウ ：②

解法のアシスト

電子マネーは，貨幣価値をデジタルデータで記録したもので，データを記録する媒体によって区分される。非接触型 IC（広義の RFID）に記録するものを IC カード型，発行会社のサーバ上のみに記録されるものをネットワーク型という。

☐ **練習 53**　電子マネーの説明として最も適当なものを，次の⓪～③から一つ選べ。

⓪ 電子マネーで用いられる非接触型の IC を RAID という。

① 失くしても再発行が可能なため，紛失や盗難に注意する必要がない。

② 交通系 IC カードは世界中で相互利用できる。

③ 非接触 IC カードを用いず決済できる電子マネーもある。

例題 **54** クラウドコンピューティング

クラウドコンピューティングの説明として適当なものを，次の⓪〜③からすべて選べ。

⓪ 通信環境がないところでは，クラウド上のファイルを改変できない。

① 現時点ではストレージサービスのみ実用化されている。

② リアルタイムでのデータの共有が容易にできる。

③ 利用するには自宅や会社内などにサーバを設置する。

解 ⓪，②

解法のアシスト

クラウドコンピューティングのクラウドとは雲のことである。雲は空中に浮かぶことから，サーバを手元に置かないことや，場所を気にすることなく利用できることを意味している。様々な場所やデバイスから利用できることや，自身でサーバを設置しなくてもよいことから初期の導入コストを抑えられるなどのメリットがある。

☑ **練習 54**　クラウドコンピューティングの説明として最も適当なものを，次の⓪〜③から一つ選べ。

⓪ LAN 内に設置したサーバにデータやアプリケーションを置く方式である。

① クラウドは授業支援や電子メールなど，アプリケーションでも利用されている。

② クラウドストレージで複数人とデータを共有するには，ID・パスワードを共通にすればよい。

③ 大型ホストコンピュータで一極集中的にデータの処理を行う。

例題 **55** データベース

次の文章中の空欄 ア 〜 エ に入る最も適当なものを，後の⓪〜④から一つずつ選べ。

データベースは ア なデータを管理し，効率的に利用できる。データベースがあれば多くの人が イ にデータを ウ でき，必要なデータを効率的に検索することができる。また，保存されたデータを エ してマーケティングなどに活用できる。

⓪ 加工　　① 膨大　　② 共有　　③ 同時　　④ 順番

解 ア ：①　　イ ：③　　ウ ：②　　エ ：⓪

解法のアシスト

データベースの基本的な機能は，「蓄積」「整理」「加工」に集約される。データの蓄積は最も基本的な機能であるが，単にデータを集めるだけではなく，それらのデータを扱いやすく整理し，必要なときにすぐに取り出して加工できるようにする必要がある。

☑ **練習 55**　次の(1)〜(3)に示す記述が説明しているものを，後の⓪〜②から一つずつ選べ。

(1) 商品の入荷・販売状況を管理する。

(2) 診療記録を素早く参照できる。

(3) 知りたい情報をインターネットから簡単に見つけられる。

⓪ 電子カルテ　　① 在庫管理システム　　② 検索エンジン

例題 56 結合・選択・射影

次の(1)〜(3)の記述が説明しているデータベースの操作を，後の⓪〜②から一つずつ選べ。

(1) テーブルから特定の行（レコード）だけを選択する。

(2) テーブルから特定の列（カラム）だけを選択する。

(3) 複数のテーブルの関連する行（レコード）を組み合わせ，新しいテーブルを生成する。

⓪ 結合　　① 選択　　② 射影

解 (1) ①　　(2) ②　　(3) ⓪

解法のアシスト

選択，射影はそれぞれ対象となるテーブルの一部または全部を選択して表示する操作であり，結合は複数のテーブルから別のテーブルを生成する操作である。

☑ **練習 56** 次のテーブルAからテーブルBを得る操作として最も適当なものを，次の⓪〜②から一つ選べ。

A

生徒番号	名前	委員	部活動
1A01	佐藤	体育	化学
1A02	鈴木	文化	吹奏楽
1A03	高橋	委員長	野球
1A04	田中	美化	柔道

B

生徒番号	委員
1A01	体育
1A02	文化
1A03	委員長
1A04	美化

⓪ 結合
① 選択
② 射影

例題 57 データの種類と収集

尺度水準に関する次の⓪〜③の記述について，適当でないものを一つ選べ。

⓪ 名義尺度はすべての四則演算で意味をなさない。

① 順序尺度は数値データなので，中央値や四分位数などの統計処理ができない。

② 間隔尺度は二つのデータの差に意味があるが，二つのデータの比には意味がない。

③ 比例尺度はすべての数学的演算で意味をもつ。

解 ①

解法のアシスト

名義尺度，順序尺度，間隔尺度，比例尺度の順に厳密になる。

① 順序があり整列させることができるので，その位置によって中央値や四分位数を求めることができる。

☑ **練習 57** 次に示す尺度水準について，意味のある演算には⓪，意味のない演算には①を選べ。

	最頻値	中央値	平均	偏差	比
名義尺度					
順序尺度					
間隔尺度					
比例尺度					

例題 58　量的データの扱い

次の(1), (2)に示すデータは，⓪ 間隔尺度，① 比例尺度 のいずれであるか，記号で答えよ。

(1) ある学校の生徒の身長を測定したところ，平均値が 160 cm，最大値が 180 cm，最小値が 140 cm であった。

(2) ある都市の 1 か月の気温の平均で，最も高かったのは 8 月の 27.5 ℃，最も低かったのは 1 月の 4.9 ℃であった。

解　(1) ①　　(2) ⓪

解法のアシスト

「0 が何もないことを表すか，意味を持つ値であるか」を考える。(1)の 0 は長さの原点で意味を持つので比例尺度であり，(2)の 0 は気温（摂氏）の原点ではなく単なる通過点にすぎないので間隔尺度である。

☑ **練習 58**　次の⓪～③の記述について，適当なものをすべて選べ。

⓪ 時間の経過に伴う売り上げの変化を示すには，円グラフが最も適している。

① 「気温 30 ℃は気温 10 ℃の 3 倍暑い」という表現は不正確である。

② 3D グラフは視覚的に魅力があるが，視点によってデータの比較が困難になる場合がある。

③ 中央値は四分位数よりも集団の特徴を正確に表す。

例題 59　質的データの扱い

次の(1), (2)に示すデータは，⓪ 名義尺度，① 順序尺度 のいずれであるか，記号で答えよ。

(1) ある企業の従業員数名に職種を尋ねたところ，営業，人事，総務，開発の四つの回答が得られた。

(2) 剣道の段位は初段から八段まであり，八段が最も高位である。

解　(1) ⓪　　(2) ①

解法のアシスト

(1) 職種は他と区別するためのラベルに過ぎないので，名義尺度である。

(2) 段位はその大小関係に意味がある。数値ではあるが差や比には意味がないので，順序尺度である。

☑ **練習 59**　次の⓪～③の記述について，適当なものをすべて選べ。

⓪ 5 段階の満足度は順序尺度であるが，数値データであるので平均を求める意味がある。

① 名義尺度のデータをグラフにするとき，円グラフや帯グラフが有効である。

② 順序尺度のデータをグラフにするとき，積み上げ棒グラフは有効である。

③ 性別と購入商品の二つの名義尺度の関係をクロス集計し，販売戦略に役立てることができる。

例題 **60** 基本統計量1　平均，中央値，最大，最小

次のデータは生徒 10 人が受けた情報 I のテストの点数である。

$$64 \quad 46 \quad 73 \quad 47 \quad 59 \quad 61 \quad 63 \quad 42 \quad 61 \quad 54$$

次の(1)~(5)の値に該当する最も適当なものを，次の⓪~⑦から一つずつ選べ。

(1) 平均値　　(2) 中央値　　(3) 最頻値　　(4) 最大値　　(5) 最小値

⓪ 42　　① 56　　② 57　　③ 60　　④ 61　　⑤ 66　　⑥ 73　　⑦ 58.6

解 (1) ②　　(2) ③　　(3) ④　　(4) ⑥　　(5) ⓪

解法のアシスト

平均値はデータの総和をデータの個数で割って求め，他の四つはデータを昇順または降順に整列して求める。偶数個のデータの中央値は，中央をはさむ二つのデータの平均値を求める。

☑ **練習 60**　36 人のクラスで 100 点満点の数学のテストを実施し，その結果を右の度数分布表にまとめた。この度数分布表からクラスのおよその平均点を求めよ。

階級	度数
0 点以上 20 点未満	2
20 点以上 40 点未満	4
40 点以上 60 点未満	13
60 点以上 80 点未満	11
80 点以上	6

例題 **61** 基本統計量2　相関係数，標準偏差，外れ値，欠損値

次の文章中の空欄 ア ~ ウ に入る最も適当なものを，後の⓪~④から一つずつ選べ。

データの散らばりの度合いを示すのが ア であり，各データの平均との差の 2 乗の総和をデータの個数で割って求める。 ア の正の平方根を イ という。さらに，例えば身長と体重などのデータを対で集め，それらの変量の間に関係があるかは ウ で分析できる。

⓪ 相関係数　　① 標準偏差　　② 偏差平方和　　③ 代表値　　④ 分散

解 ア ：④　　 イ ：①　　 ウ ：⓪

解法のアシスト

これらの統計量は集団の特徴を表現している。集団の特徴を表現する値としては，他に範囲を表す最大値や最小値がある。これらを求める際には，外れ値や欠損値を考慮する必要がある。

☑ **練習 61**　次の文章中の空欄 ア ~ オ に入る最も適当なものを，後の⓪~④から一つずつ選べ。

何らかの理由で測定できなかったデータを ア と呼び，除外して考えたり他の値を使った平均値や イ で ウ したりする。また，他のデータと比べて極端に離れた値を エ といい，標準偏差や オ を使って測定値から除外して扱うかどうかを判断する。

⓪ 中央値　　① 四分位数　　② 欠損値　　③ 外れ値　　④ 補完

例題 **62** ヒストグラム

次の文章中の空欄 ア ～ エ に入る最も適当なものを，後の⓪～⑤から一つずつ選べ。

ヒストグラムは，全体をいくつかの ア に分け，各 ア に属するデータの個数である イ を数える。他にも，各 ア を代表する値である ウ ，各 ア の イ が全体に占める割合である エ などの数値を求めることがある。

⓪ 相対度数　　① 度数　　② 階級値　　③ 階級　　④ 段階　　⑤ 段階値

解　 ア ：③　　 イ ：①　　 ウ ：②　　 エ ：⓪

解法のアシスト

相対度数は，各階級の度数を全体の度数で割ったものであり，その合計は 1 になる。

☐ **練習 62**　次の⓪～②の記述について，最も適当なものを一つ選べ。

⓪ 棒グラフの横軸は独立した項目や分類，ヒストグラムの横軸は連続量である。

① ヒストグラムは棒グラフの隙間を埋めたものである。

② ヒストグラムは階級値の順番を変えて作ることがある。

例題 **63** 散布図

次の文章中の空欄 ア ～ エ に入る最も適当なものを，後の⓪～⑨から一つずつ選べ。

散布図を作成すると，一つ一つのデータがどのように ア しているかをひと目で俯瞰でき，データ間の イ 関係の有無が分かる。変数間の関係の強さを ウ 的に判断するためには， イ 係数を求める。データ間の イ 関係を ウ 的に判断し エ することで，直観や思い込みで判断を誤るというリスクを回避できる。

⓪ 普及　　① 定量　　② 定性　　③ 相互　　④ 運営
⑤ 分布　　⑥ 放射　　⑦ 意思決定　　⑧ 相関　　⑨ 解決

解　 ア ：⑤　　 イ ：⑧　　 ウ ：①　　 エ ：⑦

解法のアシスト

散布図を作る目的は，二つの要素にどのような相関関係があるかを分析し，その結果を検討内容に反映させることである。散布図からデータのばらつきの傾向の有無を直感的に掴み，相関係数でその強さを定量的に示す。

☐ **練習 63**　次の⓪～②の記述について，適当なものをすべて選べ。

⓪ 相関係数 r は $-1 \leqq r \leqq 1$ の範囲の値を取る。

① 相関係数が -1 のとき，相関が最も弱い。

② 二つの変数の間に因果関係があると予想されるとき，横軸に原因，縦軸に結果を取る。

例題 64 回帰分析

次の文章中の空欄 ア ～ オ に入る最も適当なものを，後の⓪～⑥から一つずつ選べ。

回帰分析とは，「AがBにどんな影響を及ぼしたか」という ア 関係を関数の形で示す分析手法である。Aを イ ，Bを ウ と呼ぶ。Aが一つの回帰分析を エ 回帰分析という。

⓪ 単　　① 複　　② 重　　③ 因果　　④ 相関　　⑤ 目的変数　　⑥ 説明変数

解 ア：③　　イ：⑥　　ウ：⑤　　エ：⓪

解法のアシスト

説明変数は独立変数とも呼ばれ，事象の原因となるものである。目的変数は従属変数とも呼ばれ，事象の結果となるものである。

☑ **練習 64** 次の⓪～②の記述について，適当なものをすべて選べ。

⓪ 回帰分析はおもに因果関係を証明するために使用される統計手法である。

① 単回帰分析で得られる回帰式は二次関数である。

② 回帰式を用いることによって，データのない部分を予測することができる。

例題 65 時系列分析

次の文章中の空欄 ア ～ エ に入る最も適当なものを，後の⓪～⑦から一つずつ選べ。

時系列分析とは時間の経過順に並んだデータの変化の傾向やパターンを分析する統計手法であり，変動要因を ア 的な変動， イ 的な変動， ウ 的な変動などの要素に分解して エ の値を予測するものである。

⓪ 規則　　① 不規則　　② 長期　　③ 短期　　④ 周期　　⑤ 突発　　⑥ 将来　　⑦ 過去

解 ア， イ， ウ：①，②，④（順不同）　　エ：⑥

解法のアシスト

一般的に長期的な変動，周期的な変動，不規則的な変動の順に検討する。時間的な順序を伴って観測されるデータには，株価データ，気温や降水量などの気象データ，人口統計データ，センサデータ，音声データ，販売数データなどがある。

☑ **練習 65** 次の⓪～③の記述について，適当なものをすべて選べ。

⓪ 時系列分析では，過去のデータからの予測と実際の値を比較することで，モデルの精度を測ることができる。

① 移動平均を算出することで，将来の上昇傾向や下降傾向を推測できる。

② 時系列分析では将来予測や効果推定は可能であるが，異常検知はできない。

③ 時系列分析では，データの蓄積量が少ない場合でも精度の高い予測ができる。

例題 66　回帰分析と時系列分析

次の⓪～③の記述について，適当なものをすべて選べ。

⓪ 回帰分析は，二つ以上の異なる変数間の関係をモデル化するものである。

① 回帰分析は，時間的な順序が重要である。

② 時系列分析は，ある変数の過去のデータをもとに将来を予測する手法である。

③ 時系列分析は，短期的なデータから長期的な結論を導くことができる。

解　⓪，②

解法のアシスト

　時系列分析は，長期的な傾向，定期的な変動，周期性，不規則な変動などに分けて分析する必要がある。

☐ **練習 66**　次の⓪～⑤の記述について，時系列分析が適しているものをすべて選べ。

⓪ 気温と作物の収穫量の関係

① 教育レベルと収入の関係

② 電力消費量の変動

③ 株価や為替レートの動向

④ 広告支出と売上の関係

⑤ 小売業の売上の季節による変動

例題 67　相関関係と因果関係

次の⓪～②の記述について，適当なものを一つ選べ。

⓪ Aの変化とBの変化が連動するとき，これらの間に必ず因果関係がある。

① 因果関係があれば必ず相関関係がある。

② 相関関係があれば必ず因果関係がある。

解　①

解法のアシスト

　因果関係は一方が原【因】で他方が結【果】という関係であり，順序性がある。

☐ **練習 67**　相関関係はあるが因果関係がない二つの事象の関係を疑似相関という。次の⓪～②の事例のうち，疑似相関の関係にあると考えられるものをすべて選べ。

⓪ 雨が降るとお店の来客数が減る。

① 身長が高い小学生は算数の成績がよい。

② チョコレートの消費量が多い国には，ノーベル賞受賞者が多い。

1　問題の発見・解決

　　太郎さんは情報Ⅰで学習した「問題解決」の手法を実践しており，今は「解決案の検討」の段階である。次の太郎さんと花子さんの会話文を読み，後の問い（**問1・2**）に答えよ。

太郎：これから，₀校内の人たちに向けたアンケート調査や，他校の高校生からも情報収集するために₁フィールドワークによる調査をするところなんだ。二次情報に比べて一次情報の方が情報の信頼性が高いから，できる限り直接情報を集めるようにしているんだ。その他にも，部活動の友達が協力してくれることになったから，₂ブレーンストーミングで多様な意見を出し合い，₃KJ法を用いて情報を整理しようと考えているんだ。

花子：先月会ったときから継続して，いろいろと行動しているんだね！アンケート調査で収集した自由記述欄の内容は，₄テキストマイニングを行うとよいかもしれないね。

太郎：先月は花子さんに相談できてよかったよ！₅実施結果についても自己評価と外部評価を行っているから，かなりよい問題解決ができると思うよ！

花子：それはよかった！引き続き頑張ってね。

問1　「解決案の検討」の段階の内容として適当でないものを，下線部₀〜₅から一つ選べ。
　　　　　　　　　　　　　　　　　　　　　　　　　　　　　　　　　　　　ア

問2　下線部₀〜₅の語句の説明として最も適当なものを，次の₀〜₅から一つ選べ。　イ
　₀「アンケート調査」では限られた時間で先方から情報を集めるため，一つの質問で複数の情報を聞くなど，回答時間を短縮できるように調査票を工夫・配慮して作成する。
　₁「フィールドワーク」では調査対象の率直な感想を得るために，事前に許諾を取らず，申請もせずに訪問した方が，よりリアルな当事者の声を聞くことができる。
　₂「ブレーンストーミング」では量よりも質を重視するため，意見を出すにあたってはよく考えたうえで発言した方がよい。
　₃「KJ法」ではアイデアをカードに記し，グループ化や表題付け，関連付けなどをする。
　₄「テキストマイニング」は分析結果を視覚的に表現することができ，さらに分析結果から自動的に意思決定してくれる，有能なツールである。
　₅「自己評価と外部評価」は，評価者の感覚に任せて行う。

2　知的財産権

解答編 p.12　時間 6分

著作権法では「著作物」を以下のように定義している。以下の枠内の文を読み，後の問い（**問1～5**）に答えよ。

> 「$_A$思想又は感情を$_B$創作的に$_C$表現したものであって，$_D$文芸，学術，美術又は音楽の範囲に属するもの」

問1　下線部Aについて，「思想又は感情」を人間が表現したものとして最も適当なものを，次の⓪～③から一つ選べ。　ア
⓪　電車の時刻表やバスの料金表　　①　小学生が撮影した写真
②　AI（人工知能）が作曲した楽曲　　③　チンパンジーが描いた絵画

問2　下線部Bについて，「創作的」であるといえるものを，次の⓪～③から二つ選べ。
⓪　幼稚園児が描いた似顔絵　　　　　　　　　　イ ・ ウ
①　有名な画家が描いた絵を，時間をかけて忠実に再現して模写したもの
②　俳句や川柳，標語など短い文句
③　ありふれた四角いビルや普通の住宅

問3　下線部Cについて，「表現したもの」であるといえるものを，次の⓪～③から一つ選べ。
⓪　50音順に並べた名簿　　　　　　　　　　　　　　エ
①　誰が表現しても同じようになってしまうような，ありふれた表現
②　用具の使い方を分かりやすく工夫を凝らして説明した解説書
③　自分自身の頭の中にある斬新なアイデア・発想

問4　下線部Dについて，「文芸，学術，美術又は音楽の範囲に属するもの」として**適当でない**ものを，次の⓪～③から一つ選べ。　オ
⓪　地図，学術的な図面，立体模型　　①　自動車や鉄道車両などの工業製品
②　ダンスやパントマイムの振り付け　　③　楽曲および楽曲を伴う歌詞など

知的財産権は，大きく分けて産業財産権・著作権・その他に分類することができる。

問5　知的財産権の説明として**適当でない**ものを，次の⓪～④から二つ選べ。　カ ・ キ
⓪　知的財産権にはノウハウや顧客リストなど営業秘密も含まれる。
①　著作者人格権に含まれる権利は，公表権と氏名表示権の二つである。
②　著作者人格権は，著作者だけが持つことのできる権利で，譲渡したり，相続したりすることはできない。
③　産業財産権の一つに半導体の回路配置を保護する権利があり，登録から10年保護される。
④　著作権法は，著作物の公正な利用に留意しつつ，著作者などの権利の保護をはかることによって，文化の発展に寄与することを目的としている。

3 情報セキュリティ

解答編 p.13 ／ 時間 5分

次の生徒（S）と先生（T）の会話文を読み，後の問い（**問1〜3**）に答えよ。

S：今朝のニュースで，とある病院がサイバー攻撃の被害に遭って，電子カルテや顧客データが暗号化されて患者の治療や受け入れができなくなっているという報道を見ました！

T：大きなニュースになっていましたね。情報セキュリティ対策は，授業で扱ったように個人はもちろん，企業や組織でもしっかりと対策する必要があります。情報セキュリティは，情報の ア を確保することと定義されています。企業や組織は多くの情報資産を所有しているため，それらを A 脅威から守るために組織内における情報セキュリティ対策の方針や行動指針を定める必要があり，これを「情報セキュリティポリシー」といいます。

S：そのポリシーは，基本的に企業の経営者や幹部の人たちが関係するものなんですか？

T：情報セキュリティポリシーでは，経営幹部の指揮のもと，すべての社員や職員に対してポリシーに沿った行動が実行されるよう，意識の向上を促すことが必要です。一般的には， B X ・ Y ・ Z の三つの階層で構成されています。

問1 空欄 ア に入る情報セキュリティの三つの要素の組み合わせとして最も適当なものを，次の⓪〜④から一つ選べ。

⓪ 機密性・信頼性・可用性　　① 匿名性・完全性・可用性
② 機密性・完全性・可用性　　③ 匿名性・信頼性・保全性
④ 機密性・信頼性・保全性

問2 下線部Aの情報セキュリティの脅威として**適当でないもの**を，次の⓪〜④から一つ選べ。 イ

⓪ クレジットカード情報の不正利用
① 災害によるサーバなどのハードウェアの故障
② SNSへの軽率な情報公開
③ 通信の可否を設定できるファイアウォールの導入
④ 従業員の操作ミスによる機密情報の漏洩

問3 下線部Bの情報セキュリティの三つの階層として，右下図の X 〜 Z に当てはまる最も適当な組み合わせを，次の⓪〜④から一つ選べ。 ウ

	X	Y	Z
⓪	基本方針	対策基準	費用内訳
①	基本方針	対策基準	実施手順
②	基本方針	実施手順	対策基準
③	実施手順	対策基準	基本方針
④	機密性	信頼性	保全性

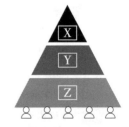

2章　コミュニケーションと情報デザイン

4　情報の構造化・可視化

解答編	時間
p.14	4分

　高校の生徒会で文化祭開催のお知らせパンフレットを作成し，地域へ配布することになった。次の太郎さん，次郎さん，花子さんの会話文を読み，後の問い（**問1～3**）に答えよ。

太郎：まずパンフレットを作るにあたり，A誰を対象にしたデザインと内容にするか決めないとね。

次郎：パンフレットは地域の人に配るから，小学校低学年の子ども向けか，大人向けかでデザインや内容を変えて楽しさを伝えたいね。

花子：1枚の紙の中にいろいろな情報を盛り込みたいね。

太郎：小さな子ども向けの情報は，カラフルな配色で文字は大きく書きたいかな。

花子：どうやって情報を整理してデザインを考えていこうか。

次郎：　X ・ Y ・ Z の流れで考えていこう。

花子：毎年来場者が増えて盛り上がっていることも伝えたいね。

太郎：それならB毎年の来場者の人数増加をグラフに表すといいと思うよ。

次郎：目にしただけで文化祭の楽しさが伝わるデザインにできるといいね。

問1　下線部Aを決める方法に「ペルソナ」の作成がある。ペルソナの作成に関して述べた次の⓪～③の記述のうち，**適当でないもの**を二つ選べ。　 ア ・ イ

　⓪　架空だが実在するかのような人物像を設定する。

　①　実在する人をターゲットとして設定する。

　②　ペルソナは個人だけの秘密にして判断基準とする。

　③　ペルソナはチーム全体で共有して判断基準とする。

問2　空欄 X ・ Y ・ Z について，情報を整理してデザインを考えるうえで適当な順となるよう，次の⓪～②を順に答えよ。　 ウ ・ エ ・ オ

　⓪　内容を箇条書きにしてシンプルに表記する。

　①　文字や図など要素のレイアウトを調整する。

　②　記載したい内容を記述する。

問3　下線部Bのように，値が増加していることを分かりやすく表現するのに最も適当なグラフの種類を，次の⓪～⑤から一つ選べ。　 カ

　⓪　円グラフ　　①　折れ線グラフ　　②　散布図

　③　箱ひげ図　　④　ヒストグラム　　⑤　レーダーチャート

| 解答編 | 時間 |
| p.14 | 5分 |

5 情報デザイン

情報デザインについて述べた次の文章を読み，後の問い(**問1～3**)に答えよ。

　情報デザインとは，効果的なコミュニケーションや問題解決のため，情報を整理したり，情報を受け手に対して分かりやすく伝達したり，操作性を高めたりするための方法や技術のことである。例えば，_A年齢，言語，国籍，身体能力などに関係なく，誰にとっても使いやすい製品や生活しやすい環境を設計する，ユニバーサルデザイン(UD)という考え方も，情報デザインの一つである。他にも，様々な情報機器，ソフトウェアや Web サイトの_B操作性や_C視認性の高い配色を考えることも当てはまる。ソフトウェアや Web サイトなどの使いやすさのことを「ユーザビリティ」といい，操作する際にユーザに表示される様々な画面のことを，「ユーザインタフェース(UI)」という。ユーザビリティの向上のためには，見やすく，使いやすい UI を考えることが重要である。

問1　下線部Aが考慮されたものを，次の⓪～④から二つ選べ。　ア ・ イ
　⓪ シャンプーボトルに付けられた「きざみ」
　① 広い受け皿型になっている自動販売機のお金投入口
　② Web ページで文字や背景の配色を変更できる機能
　③ ペットボトルは丸い穴，その他のごみは四角い穴になっているごみ箱
　④ ボタンを押せば開く自動ドア

問2　下線部Bについて，ユーザビリティを向上させるための情報デザインの考え方として適当なものを，次の⓪～③から二つ選べ。　ウ ・ エ
　⓪ できるだけ簡単な操作で情報にアクセスできるようにする。
　① 一度に表示する情報量はなるべく多くし，選べる項目数も大量に表示する。
　② デザイン上の統一感を持たせるため，ユーザインタフェース上の文字の大きさや色をすべて統一し，ボタンやリンクが設定されている箇所も見た目を変えないようにする。
　③ 一般の人が情報機器を操作しやすくなるよう，CUI ではなく GUI を用いる。

問3　下線部Cに関する最も適当な記述を，次の⓪～③から一つ選べ。　オ
　⓪ 同じ色相の色でも，明度が高いほど鮮やかになり，低いほど灰色に近くなる。
　① 色相環において，向かい合った色のことを類似色という。
　② 補色は互いの色を目立たせないようにする色の組み合わせである。
　③ 文字色と背景色の明度に差がないと，文字が読みづらくなる。

6 音のデジタル化と情報量

解答編
p.15　　時間 7分

2
コミュニケーションと情報デザイン

問1　右の図1に示す音のアナログ波形をもとに，音をデジタル化する過程について述べた次の文章を読み，空欄 ア ～ カ ・ ク ・ ケ に入る最も適当なものを，後の解答群から一つずつ選べ。また，空欄 キ ・ コ に当てはまる数を答えよ。

図1　音のアナログ波形

　まず，波を一定間隔で分割し， ア を行う。その結果，次の表1のようになった。

表1　図1の音を一定時間ごとに分割したときの電圧

時間	0	1	2	3	4	5	6	7	8
電圧	2.3	6.8	0.9	4.6	1.8	5.7	6.9	3.3	4.5

　表1より，例えば時間2における電圧は0.9であり，時間5における電圧は5.7である。この取り出した点のことを イ といい，このときの時間間隔を ウ という。

─── 空欄 ア の解答群 ───
⓪ 一般化　① 記号化　② 定量化　③ 標本化　④ 符号化　⑤ 量子化

─── 空欄 イ ・ ウ の解答群 ───
⓪ 基準化周期　① 基準点　② 判別化周期　③ 判別化　④ 標本化周期　⑤ 標本点

　次に電圧を一定間隔で分割し， イ に最も近い段階値で表す。これを エ といい，今回は電圧が0～7までの8段階で行う。このとき，時間2における段階値は オ ，時間5における段階値は カ となり，必要な エ ビット数は， キ ビットである。

─── 空欄 エ の解答群 ───
⓪ 一般化　① 記号化　② 定量化　③ 標本化　④ 符号化　⑤ 量子化

─── 空欄 オ ・ カ の解答群 ───
⓪ 0　① 0.9　② 1　③ 3　④ 5　⑤ 5.7　⑥ 6　⑦ 8

　一般的なCDでは，標本化周波数44,100 Hz，量子化ビット数16ビット，ステレオ2チャンネルで音声が記録されている。このとき，3分20秒の音楽を記録するのに必要な情報量は ク B（バイト）であり，これをMB単位で表すと ケ MBである。また，音質を向上させるために標本化周波数を2倍に変更すると，必要な情報量は コ 倍となるため，情報量と音質のトレードオフが生じる。ただし，1 MB＝1,000,000 B（バイト）とする。

─── 空欄 ク ・ ケ の解答群 ───
⓪ 17,640,000　① 35,280,000　② 282,240,000　③ 17,640
④ 35,280　⑤ 282,240　⑥ 17.64　⑦ 35.28　⑧ 282.24

7 圧縮と情報量，圧縮方式

解答編 p.15　時間 8分

問1　画像の圧縮について述べた次の文章を読み，空欄　ア　・　イ　・　ク　に入る最も適当なものを，後の解答群から一つずつ選べ。また，空欄　ウ　～　キ　に当てはまる数を答えよ。答えに小数が含まれる場合は，小数第2位を四捨五入せよ。

8×8画素の白黒画像データの圧縮方法を考えたい。白い画素をA，黒い画素をBに置き換えると，以下の図のように画像を記号で表現できる。

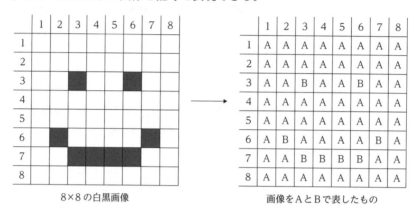

8×8の白黒画像　　　　　　　　画像をAとBで表したもの

記号の連続性に注目し，連続で並んでいる記号の種類と連続する回数で表現することを考える。例えば，「AAAAAABB」というデータであれば「A6B2」と表すことができる。7行目のデータをこの方法で表現すると，「　ア　」と表現することができる。

また，始まりがAの場合は0，Bの場合は1を最初に付け，記号の連続数だけを順番に記載すると，「BBAAABBB」ならば「　イ　」と表現することができる。

────　空欄　ア　・　イ　の解答群　────
⓪ 053　　① 153　　② 242　　③ 0233　　④ 1233
⑤ A2B4A2　　⑥ A4B4　　⑦ AAAABBBB　　⑧ AABBBB

この画像データのAの部分を0，Bの部分を1として以下のⅠ，Ⅱのルールに基づいて1行ごとに圧縮すると，画像の情報量は　ウ　エ　ビットに圧縮できる。このときの圧縮率は約　オ　カ　.　キ　％である。

Ⅰ　最初のビット：始まりがAの場合は0，Bの場合は1とする。

Ⅱ　次の3ビット：AまたはBの連続数を表す。ただし，「個数−1」として表現する。

この画像データは，Aが56個でBが8個であるため，単純に情報の種類と個数だけを表現するならばA56B8と表現することが可能である。このような圧縮方法は　ク　である。

────　空欄　ク　の解答群　────
⓪ 可逆圧縮　　① 非可逆圧縮

8　2進数の計算

解答編	時間
p.16	6分

問1　次の先生（T）と生徒（S）の会話文を読み，空欄　ア　～　カ　に入る最も適当なものを，後の解答群から一つずつ選べ。ただし，同じものを繰り返し選んでもよい。

T：表が白，裏が黒の駒10枚を使って，表裏の組み合わせで数を数えてみましょう。いくつまで数えられますか？

S：白になっている枚数で数を数えるとしたら，0～　ア　まで数えることができますね。

T：では，駒に番号を書いて「2番と5番は白」のようにそれぞれの駒を区別できるなら，白と黒の駒の組み合わせは全部で何通りできるでしょうか？

S：順番に考えてみます。もし1枚だけなら2通りです。もし2枚になると，白黒の組み合わせは　イ　通りですね。

T：組み合わせの個数は用いる駒の枚数によって計算ができ，10枚の組み合わせを考えるときは「2の　ウ　乗」の計算をすることで組み合わせの個数が分かります。

S：その方法なら，10枚の駒で0～　エ　まで数えることができるのですね！

T：今は駒でしたが，コンピュータ内部では0と1の2種類で数を表現する2進数で様々な計算を行っています。例えば，$10010_{(2)}$ と $00111_{(2)}$ を足し合わせると　オ　$_{(2)}$ となり，$10010_{(2)}$ から $00111_{(2)}$ を引くと　カ　$_{(2)}$ となります。

───── 空欄　ア　・　イ　・　ウ　の解答群 ─────
⓪ 1　　① 2　　② 3　　③ 4　　④ 5　　⑤ 6　　⑥ 7　　⑦ 8　　⑧ 9　　⑨ 10

───── 空欄　エ　・　オ　・　カ　の解答群 ─────
⓪ 1023　① 1024　② 1025　③ 11001　④ 11011　⑤ 01011　⑥ 10101

問2　10進数の $7.75_{(10)}$ を16ビットの2進数の浮動小数点数（符号部1ビット，指数部5ビット，仮数部10ビット）で表すことを考える。次の文章中の空欄　キ　～　シ　に入る最も適当なものを，後の解答群から一つずつ選べ。なお，2進数の桁の重みは以下のようになる。

	整数部				小数点	小数部				
…	8	4	2	1	.	1/2	1/4	1/8	1/16	…

$7.75_{(10)}$ は，$7.75 = 4+2+1+$　キ　$+$　ク　のような桁の重みに分解できるので，$7.75_{(10)} = 111.11_{(2)}$ と2進数へ変換できる。次に，$111.11_{(2)} = +1.1111_{(2)} \times 2^2_{(10)}$ となるので，符号部は　ケ　$_{(2)}$，指数部は $2_{(10)} + 15_{(10)} = 17_{(10)}$ から　コ　$_{(2)}$ となる。仮数部は　サ　$_{(2)}$ となる。以上より，求める浮動小数点数は，　シ　　コ　　サ　$_{(2)}$ である。

───── 空欄　キ　・　ク　・　ケ　の解答群 ─────
⓪ 0.0625　① 0.125　② 0.25　③ 0.5　④ 0　⑤ 1　⑥ 2　⑦ 4　⑧ 8

───── 空欄　コ　・　サ　・　シ　の解答群 ─────
⓪ 0　① 1　② 1024　③ 01110　④ 10001　⑤ 0000111111　⑥ 1111000000

3章　コンピュータとプログラミング

9 論理演算とその応用

次の文章を読み，後の問い（**問1・2**）に答えよ。

　論理演算とは，真と偽や1と0のように2通りの状態をとる真偽値の間で行われる演算のことである。基本的な論理演算として，論理積（AND），論理和（OR），否定（NOT）の三つがあげられる。1と0で表現される情報において，論理積（AND）は入力がすべて1のときだけ出力は1となり，その他の場合は出力が0となる演算子である。論理和（OR）は，一つでも入力が1であれば出力は1となり，その他の場合は出力が0となる演算子である。否定（NOT）は，入力と反対の結果を出力する演算子である。これら三つの演算子を組み合わせることにより，1と0とで表現される情報についての複雑な演算を実装することができる。

問1　論理演算を視覚的に分かりやすく表現する手法としてベン図がある。1を黒，0を白で表現するとき，論理和（A OR B）をベン図で表したものとして最も適当なものを，次の**⓪**～**③**から一つ選べ。　ア

⓪　　　　　　　　①　　　　　　　　②　　　　　　　　③

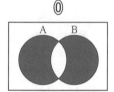 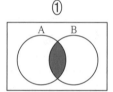 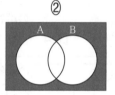 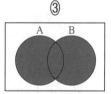

　次に論理演算の応用として画像の重ね合わせを考える。例えば，図1（画像X）と図2（画像Y）のような黒（1）と白（0）で表された画像を論理積（X AND Y）演算すると，図3のような画像を求めることができる。

図1　画像X　　　　　図2　画像Y　　　　　図3　（X AND Y）の結果

問2　図1（画像X）と図2（画像Y）の論理和（X OR Y）の結果を表したものとして最も適当なものを，次の**⓪**～**③**から一つ選べ。　イ

⓪　　　　　　　　①　　　　　　　　②　　　　　　　　③

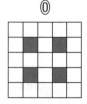 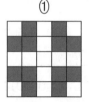  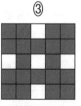

10 インタフェース

解答編 p.17　時間 4分

次の太郎さんと花子さんの会話文を読み，後の問い（**問1〜4**）に答えよ。

太郎：ゲーム機を買ってもらったんだけど，テレビに接続して映像などを出力するには A HDMI ケーブルが必要だったんだ。今日一緒に買いに行ってくれない？

花子：いいよ。ところで，HDMI って何の略なんだろう。

太郎：High-Definition Multimedia Interface と書いてあるよ。インタフェースには「接点」や「境界線」という意味があるみたい。

花子：ハードウェアインタフェースや B ソフトウェアインタフェース，C ユーザインタフェースという言葉は聞いたことがあるよ。

太郎：HDMI は異なる機器同士をつなぐ接点となるから，ハードウェアインタフェースに分類されそうだね。

問1 下線部Aに関する記述として最も適当なものを，次の⓪〜③から一つ選べ。　ア

⓪ アナログ信号をデジタル信号に変換して出力する。

① フルカラーの映像出力には対応しておらず，すべてグレースケールで出力される。

② 映像の出力の際には，必ず電源供給が必要となる。

③ 映像と音声を1本のケーブルで入出力することができる。

問2 下線部Aについて，HDMI ケーブルの接続コネクタの代表的な形状として最も適当なものを，次の⓪〜⑤から一つ選べ。　イ

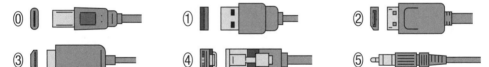

問3 下線部Bに関する記述として最も適当なものを，次の⓪〜③から一つ選べ。　ウ

⓪ コンピュータの電源を制御するための仕組みのことである。

① ソフトウェアがハードウェアと通信するために使用される。

② API（Application Programming Interface）はソフトウェアインタフェースの一種である。

③ ハードウェアの製造プロセスを管理するためのシステムである。

問4 下線部Cに関する記述として最も適当なものを，次の⓪〜③から一つ選べ。　エ

⓪ ユーザが製品やサービスを通じて得られる体験のことである。

① ユーザのプライバシーとセキュリティを確保するためのソフトウェアの一部である。

② ユーザがコンピュータを操作する際の操作画面などのことである。

③ CUI（Character User Interface）とは，グラフィック表示やマウス操作によりコンピュータを操作できるようにしたものである。

11 モデルの分類と性質，用途

解答編 p.18　時間 4分

問1　次の太郎さんと花子さんの会話文を読み，空欄 ア ～ カ に入る最も適当なものを，後の解答群から一つずつ選べ。

花子：クラス会の会費 1,500 円は幹事の私たちが回収するのよね。お釣りの用意は大丈夫？

太郎：会費が 1,500 円の場合，お釣りのないように払ってくれる人もいれば，お釣りが必要になる人もいるよね。どれくらい用意しておけばいいのだろう。

花子：数式（数理）モデルを作成してシミュレーションできないかな？

太郎：今回の場合，誰がどのように支払うか分からないから，対象の特性による分類では ア モデルに分類できそうだね。

─── 空欄 ア の解答群 ───
⓪ 確定的　　① 確率的　　② 図的　　③ 静的　　④ 縮尺

花子：最初に，支払い方法は **（方法A）** 千円札 1 枚＋五百円玉 1 枚で払う場合と，**（方法B）** 千円札 2 枚で払う場合の 2 通りしかないとして考えてみよう。

太郎：分かった。ある時点において，千円札が x 枚，五百円玉が y 枚あるとすると，状態の変化を数式で表すと，次の参加者が**方法A**で支払いをする場合 x は イ ，y は ウ に変化するね。

花子：そうだね。次の参加者が**方法B**で支払いをする場合 x は エ ，y は オ になるね。

─── 空欄 イ ・ ウ ・ エ ・ オ の解答群 ───
⓪ $x-2$　　① $x-1$　　② x　　③ $x+1$　　④ $x+2$
⑤ $y-2$　　⑥ $y-1$　　⑦ y　　⑧ $y+1$　　⑨ $y+2$

太郎：モデルをもとに表計算ソフトでシミュレーションできるようにしたよ。**方法A**と**方法B**で払う人が 50 ％ずついるとして，シミュレーションしてみるね。
　　　お，不足枚数 5 枚で意外と少ないね。

花子：ちょっと待って！
　　　試したのは 1 回だけだよね。 カ ために複数回試して確認した方がいいよ。

太郎：確かにそうだよね。プログラムを書いて何回も試してみるよ。ありがとう。

	A	B	C	D	E
1	会費	1500			
2	方法A	0.5		不足枚数	5
3	方法B	0.5		初期千円札	0
4	人数	40		初期五百円玉	0
5					
6	人数	乱数	支払い	千円札	五百円玉
7	1	0.50366866	2000	2	-1
8	2	0.74710132	2000	4	-2
9	3	0.61961829	2000	6	-3

図1　シミュレーション結果

─── 空欄 カ の解答群 ───
⓪ 計算時間を節約する　　① 偶然の影響を軽減する
② モデルの単純化を図る　　③ モデルの間違いを見つける

12　待ち行列シミュレーション

解答編	時間
p.19	7分

　太郎さんが働く駅の窓口では，客はサービスを受けるため，到着した順に一列に並んで待つ必要がある。これを**待ち行列**という。近頃，客の増加に伴い待ち時間の長さが問題になっている。そこで，太郎さんはシミュレーションにより，待ち行列解消の方法を模索することにした。なお，ここでは窓口でのサービスにかかる時間を**サービス時間**と呼ぶことにする。このとき，後の問い（**問1・2**）に答えよ。

問1　次の文章中の空欄 ア ～ エ に当てはまる数を答えよ。

　太郎さんはシミュレーションで用いるモデルを作成するため，ある日の朝9：00から9人分の客の到着時刻とサービス時間を測定し，表1にまとめてそれをもとに図1を作成した。

　図1の薄い灰色（▨）が各客の待ち時間，濃い灰色（■）が各客のサービス時間を表しているとき，9人目までにおける最大待ち行列は ア 人であり，最も待ち時間が長いのは イ 人目であることが分かる。また，表1から平均サービス時間は ウ 分で，前の客との到着時刻の差を到着間隔とすると，平均到着間隔は エ 分であることが分かる。

表1　到着時刻とサービス時間

客	到着時刻	サービス時間
1人目	9：00	3分
2人目	9：02	4分
3人目	9：03	4分
4人目	9：06	6分
5人目	9：08	3分
6人目	9：10	5分
7人目	9：13	4分
8人目	9：15	3分
9人目	9：16	4分

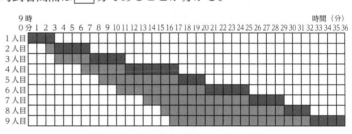

図1　客ごとの待ち時間とサービス時間

　太郎さんは_A窓口の中の人数を増やす場合よりも，「_B窓口の数を増やした場合の方が，最大待ち行列を短くすることができる」という仮説を立てた。ここで，窓口の中の人数を増やした場合，サービス時間を一人1分短縮できるとする。一方，窓口を増やした場合（ここでは窓口Xと窓口Yとする），客は到着した際に待っている人数が少ない窓口に並び，どちらの窓口にも同じ人数が待っているときは，窓口Xに並ぶとする。

問2　下線部AおよびBの場合について，表1をもとに作成した待ち時間とサービス時間の関係をそれぞれ図2，3に示す（それぞれ作成途中）。このとき，太郎さんの仮説が正しい場合は⓪を，正しくない場合は①を選べ。 オ

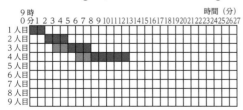

図2　窓口の中の人数を2人に増やした場合（作成途中）

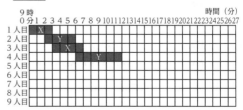

図3　窓口を増やした場合（作成途中）

13 アルゴリズムの表し方

解答編 p.20　時間 3分

次の太郎さんと花子さんの会話文を読み，後の問い（**問1・2**）に答えよ。

太郎：模擬店出店に向けて，時間ごとの役割分担の図と，レジで注文を受けてからの作業の流れが分かるよう，アクティビティ図（図1）を作成してみたよ。

花子：アクティビティ図があると全体の流れが分かりやすいね。

太郎：うん。ただ，個々の処理の詳細な流れは分かりづらいから，調理の処理については，詳細な流れが分かるよう　ア　を別に作成することにしたよ。

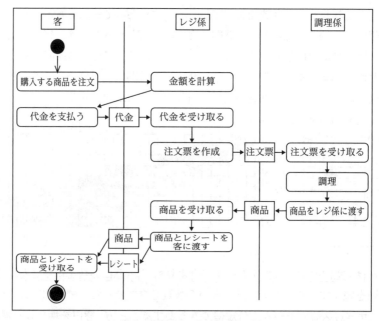

図1　模擬店のアクティビティ図

問1　会話文中の空欄　ア　に入る最も適当なものを，次の⓪～③から一つ選べ。

　　⓪ コンセプトマップ　　① パレート図　　② フローチャート　　③ 棒グラフ

問2　図1のアクティビティ図から読み取ることができることとして最も適当なものを，次の⓪～③から一つ選べ。　イ

　　⓪ 注文を受けてから商品を客に渡すまでの時間

　　① あらかじめ用意しておくべき材料の量

　　② それぞれの役割の人が行う業務

　　③ 完成した商品の品質

14 整列のプログラム

解答編	時間
p.21	8分

次の図1は選択ソートのプログラムである。このプログラムについて，後の問い(**問1〜3**)に答えよ。なお，**要素数( )**は引数として与えた配列の要素数を返す関数である。

```
(1) Data = [4, 2, 5, 1, 3]
(2) kazu = 要素数(Data)
(3) iを0からkazu - 2まで1ずつ増やしながら繰り返す：
(4) │ jをi + 1からkazu - 1まで1ずつ増やしながら繰り返す：
(5) │ │ もしData[i] > Data[j]ならば：
(6) │ │ │ temp = Data[j]
(7) │ │ │ Data[j] = Data[i]
(8) └ └ └ Data[i] = temp
(9) 表示する(Data)
```
　　　　　　　　　　　　　　　　　　　　　　　　　　　　} 入れ替え処理

図1　選択ソートのプログラム

問1　図1のプログラムの説明として最も適当なものを，次の⓪〜③から一つ選べ。 ア

⓪ 配列の要素をランダムに並べ替え，その結果が昇順になるまで何度も繰り返す。

① 配列内の隣接する要素の比較と入れ替えを繰り返すことで，小さな値のデータを次第に端の方に移している。

② 配列の最初の要素から最後の要素までを比較して最小値を探し出し，その最小値を最初の要素と入れ替える。その後，2番目の要素から最後の要素までを比較して最小値を探し出し，その最小値を2番目の要素と入れ替える。これを繰り返すことで配列を昇順に並べ替えている。

③ 適当な基準値を選び，それより小さな値のグループと大きな値のグループにデータを分割した後，分割したグループの中でさらに基準値を選び，それぞれのグループを分割する。この操作を繰り返して並べ替えている。

問2　右の表1は，図1のプログラムを実行したときの途中経過を示したものである。表1は並べ替えの途中であり，この後にも同様の処理が続く。このとき，表の空欄 イ に入る最も適当なものを，次の⓪〜③から一つ選べ。

表1　並べ替えの途中経過

i	j	配列Data [0]	[1]	[2]	[3]	[4]	入れ替えかどうか
実行前		4	2	5	1	3	
0	1	2	4	5	1	3	入れ替え
	2	2	4	5	1	3	
	3	1	4	5	2	3	入れ替え
	4	1	4	5	2	3	
1	2	1	4	5	2	3	
	3			イ			
	4						
2	3						
	4						
3	4						

⓪ | 1 | 4 | 5 | 2 | 3 |

① | 1 | 2 | 5 | 4 | 3 | 入れ替え

② | 1 | 4 | 2 | 5 | 3 | 入れ替え

③ | 1 | 2 | 3 | 4 | 5 | 入れ替え

問3　図1のプログラムで入れ替え処理が実行される回数として，適当な数を答えよ。 ウ

4章　情報通信ネットワークとデータの利用

15 メールの仕組み

解答編 p.22　時間 5分

　yume@efgh.ed.jp から図1に示す文面の電子メールを，kanae@abcd.ac.jp へ送信した。このとき，送信者から受信者へ至る電子メールの流れを図2に示す。後の問い（**問1〜3**）に答えよ。

To	kanae@abcd.ac.jp
CC	mgr@ijkl.co.jp
BCC	chief@ijkl.co.jp
件名	打ち合わせについて
本文	いつもお世話になっています。 標題につきまして候補日をあげました…

図1　電子メール文面

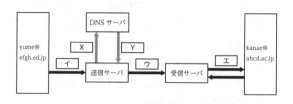

図2　送信者から受信者へ至るまでの電子メールの流れ

問1　送信された図1の電子メールに関する記述として最も適当なものを，次の⓪〜④から一つ選べ。　ア

⓪　kanae@abcd.ac.jp と mgr@ijkl.co.jp に送信される。

①　kanae@abcd.ac.jp と chief@ijkl.co.jp に送信される。

②　kanae@abcd.ac.jp は chief@ijkl.co.jp にも送信されたことを知ることができない。

③　mgr@ijkl.co.jp は chief@ijkl.co.jp にも送信されたことを知ることができる。

④　chief@ijkl.co.jp は kanae@abcd.ac.jp と mgr@ijkl.co.jp にも送信されたことを知ることができない。

問2　図2の　イ　・　ウ　・　エ　で用いるべきプロトコルを，次の⓪〜④から一つずつ選べ。ただし，同じものを繰り返し選んでもよい。

⓪　POP　　①　TCP　　②　HTTP　　③　FTP　　④　SMTP

問3　図2の空欄　X　・　Y　に入る組み合わせとして最も適当なものを，次の⓪〜⑥から一つ選べ。　オ

⓪　X：メール本文　　　　　　　　　Y：abcd.ac.jp の IP アドレス

①　X：abcd.ac.jp　　　　　　　　　Y：efgh.ed.jp

②　X：efgh.ed.jp の IP アドレス　　Y：efgh.ed.jp

③　X：efgh.ed.jp　　　　　　　　　Y：abcd.ac.jp

④　X：yume@　　　　　　　　　　　Y：efgh.ed.jp の IP アドレス

⑤　X：abcd.ac.jp の IP アドレス　　Y：kanae@

⑥　X：abcd.ac.jp　　　　　　　　　Y：abcd.ac.jp の IP アドレス

16 ネットワーク

太郎くんと花子さんが所属する学校のネットワーク構成，および各機器へ割り当て済みのIPアドレスは，図1のようになっている。ただし，(2)の機器については，外向きと内向きの両方のIPアドレスを記載している。このとき，後の問い(**問1・2**)に答えよ。

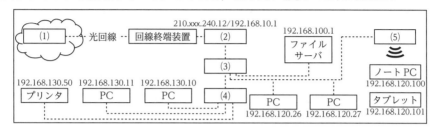

図1　ある学校のネットワーク構成図

問1　図1の空欄(1)~(5)に入る最も適当な組み合わせを，次の⓪~④から一つ選べ。ただし，APはアクセスポイント，ISPはインターネット・サービス・プロバイダを表す。　ア

⓪ (1) ルータ　　(2) ハブ　　(3) AP　　(4) AP　　(5) ルータ

① (1) ISP　　(2) ルータ　　(3) ハブ　　(4) ハブ　　(5) AP

② (1) AP　　(2) ルータ　　(3) ISP　　(4) ISP　　(5) ハブ

③ (1) ISP　　(2) AP　　(3) ルータ　　(4) ルータ　　(5) ハブ

④ (1) ルータ　　(2) AP　　(3) ハブ　　(4) ハブ　　(5) ルータ

問2　太郎くんは自身のノートPC(192.168.120.100)にトラブルが発生したため，花子さんに助けを求めた。次の会話文から考えられる最も適当な対応を，後の⓪~④から一つ選べ。　イ

太郎：印刷ボタンを押しても印刷されないのだけど。

花子：困ったね。pingコマンドでいくつかの機器からの応答を確認してみましょう。

太郎：コマンド画面にpingとIPアドレスを入力するんだったよね。こんな結果になったよ。

pingコマンドの結果1
192.168.10.1からの応答：　　=7ms
192.168.10.1からの応答：　　=6ms
192.168.10.1からの応答：　　=6ms

pingコマンドの結果2
192.168.100.1からの応答：　　=5ms
192.168.100.1からの応答：　　=6ms
192.168.100.1からの応答：　　=5ms

pingコマンドの結果3
192.168.120.26からの応答：　　=8ms
192.168.120.26からの応答：　　=8ms
192.168.120.26からの応答：　　=6ms

pingコマンドの結果4
192.168.130.10にコマンドを送信
要求がタイムアウトしました
送信=4　受信=0　損失=4

pingコマンドの結果5
192.168.130.50にコマンドを送信
要求がタイムアウトしました
送信=4　受信=0　損失=4

⓪ 空欄(2)の機器に異常があるので再起動する。

① 空欄(2)と(3)を結ぶケーブルに異常があるので交換する。

② 空欄(3)の機器に異常があるので再起動する。

③ 空欄(3)と(4)を結ぶケーブルに異常があるので交換する。

④ プリンタに異常があるので再起動する。

17 クラウドコンピューティング

解答編 p.23 | 時間 5分

クラウドコンピューティングに関する次の会話文を読み，後の問い(**問1～3**)に答えよ。

太郎：スマートフォンで撮影した写真が，他の端末でも見ることができるのはなぜだろう？

花子：端末に設定したアカウントが同じだからじゃない？端末の設定情報を見せてみて。

太郎：これだよ。どの端末もこのアカウントを使っているよ。

花子：このアカウントは，クラウドストレージ(ファイル保管サービス)があるサービスだね。端末で撮影した写真データは，A オンラインのときに自動的にクラウドサーバへアップロードされているよ。だから，他の端末でも写真を見ることができるよ。

太郎：知らない間にサーバにアップロードされていたのか。それって危なくないの？

花子：リスクが無いわけではないね。だからこそ，B アカウントの管理が重要になるよ。管理が甘いと，他の人にアカウントを使われてしまうかもしれないからね。

太郎：なるほど。それで，他の端末でも写真を見ることができる以外に，クラウドストレージではどんなことができるの？

花子：写真が端末に加えてクラウド上にも保存されるから，バックアップを取ることができるね。また，データをクラウドに移動すれば，端末のストレージ容量も節約できるよ。

問1 下線部Aの説明として最も適当なものを，次の⓪～③から一つ選べ。 ア

⓪ 電源に接続されて充電が完了した状態

① 通信回線に接続され，インターネットに接続された状態

② ユーザがコンピュータにログインしている状態

③ コンピュータの電源は入っているが，使われていない状態

問2 下線部Bについて最も適当な記述を，次の⓪～③から一つ選べ。 イ

⓪ パスワードは自分自身がよく使うオンラインサービスと同じものにする。

① 英数字から8桁で構成されるパスワードよりも，英数字と5種類の記号「!#$%&」から8桁で構成されるパスワードのほうが強固である。

② ID・パスワードを忘れてはならないので，端末の裏などにメモを貼る。

③ 忘れないように，友人とID・パスワードを互いに共有しておく。

問3 次の(1)～(3)に示すクラウドコンピューティングのメリットの説明として最も適当な組み合わせを，後の⓪～⑦から一つ選べ。 ウ

(1) 社内でシステムを構築する場合に比べ，システムの自由度が高い。

(2) ハードウェアを導入する必要が無く，システム導入までの時間が短い。

(3) LAN内にサーバが無いため，利用者によるシステムの保守が不要である。

⓪ (1)   ① (2)   ② (3)   ③ (1)と(2)

④ (1)と(3)   ⑤ (2)と(3)   ⑥ (1)と(2)と(3)   ⑦ 正しいものはない

18 データベース

解答編 p.24　時間 4分

次の文章を読み，後の問い（**問1・2**）に答えよ。

データベースに次の表A，表Bの二つのテーブルがある。

表A

番号	名前	クラス	住所コード	部活動
1	佐藤	2組	13105	剣道
2	鈴木	1組	28218	合唱
3	高橋	1組	14109	野球
4	田中	1組	28213	合唱

表B

住所コード	市区町村
13105	文京区
28218	小野市
14109	港北区
28213	西脇市

この二つのテーブルを操作し，新しく次の表C，表Dのテーブルを作ることを考える。

表C

番号	名前	クラス	住所コード	部活動
2	鈴木	1組	28218	合唱
4	田中	1組	28213	合唱

表D

番号	名前	クラス	住所コード	部活動	市区町村
1	佐藤	2組	13105	剣道	文京区
2	鈴木	1組	28218	合唱	小野市
3	高橋	1組	14109	野球	港北区
4	田中	1組	28213	合唱	西脇市

問1　表Aから表Cを作るために必要な操作（演算）として最も適当なものを，次の⓪〜③から一つ選べ。　ア

⓪ 表Aから「クラスが1組である」という条件を満たすレコードだけを選択する。

① 表Aから「クラスが1組である」という条件を満たすレコードだけを射影する。

② 表Aから「部活動が合唱である」という条件を満たすレコードだけを選択する。

③ 表Aから「部活動が合唱である」という条件を満たすレコードだけを射影する。

問2　表Aと表Bから表Dを作るために必要な操作（演算）として最も適当なものを，次の⓪〜⑤から一つ選べ。　イ

⓪ 表Aと表Bを「住所コード」で結合する。

① 表Aと表Bを「住所コード」で射影する。

② 表Aと表Bを「住所コード」で選択する。

③ 表Aと表Bを「市区町村」で結合する。

④ 表Aと表Bを「市区町村」で射影する。

⑤ 表Aと表Bを「市区町村」で選択する。

解答編 p.24　時間 5分

19 データの分析

問1　次の文章中の空欄 ［ ア ］ ～ ［ エ ］・［ セ ］ に入る最も
適当なものを，後の解答群から一つずつ選べ。また，空
欄 ［ オ ］ ～ ［ ス ］ に入る最も適当な数を答えよ。なお，1桁
の日付は十の位を0として答えよ。

右の表1は，ある都市の昨年8月の降水量および平均気温
と平均湿度のデータをまとめたものである。降水量の「--」
はまったく降水が観測されなかったことを，「0.0」は測定値
が 0.01 mm に満たなかったことを表している。

8月12日の平均気温は，機器に異常があって測定できず，
空欄になっている。このようなデータを ［ ア ］ といい，その
処理としては，まず「そのまま放置する」という手法がある。

次に12日のデータをすべて削除してしまうという手法が
考えられる。例えば平均気温を横軸に，平均湿度を縦軸にし
た ［ イ ］ を作る際には，両方のデータがそろっている必要が
あるため，この手法は有効である。

さらに何らかの値で ［ ウ ］ する手法が考えられ，その値と
して前後の値の ［ エ ］ を用いることがある。ただし，この表
では前日11日に8月最少の降水量0 mm，翌13日に8月
最多の降水量 48.5 mm が記録されており，この二つの日の
気温の平均値を使うのは好ましくなく，前後1週間や8月全
体の ［ エ ］ の方が適切である。また，よく似た他のデータ，
例えば12日であれば湿度が71 %なので，同じ湿度の ［ オ ］
［ カ ］ 日の気温 ［ キ ］ ［ ク ］ . ［ ケ ］ ℃で埋める手法もある。この日
は降水量も12日と同じ「--」で一致しており，よい ［ ウ ］ 値
と考えられる。

一方，平均気温では ［ コ ］ ［ サ ］ 日の値，平均湿度では ［ シ ］ ［ ス ］ 日に配慮が必要な値があるが，
原因は不明である。これらのデータを ［ セ ］ という。これらの値は，その日の正しく測定さ
れたデータと同じ値が測定された別の日の値，複数ある場合はそれらの平均を計算して
［ ウ ］ することが考えられる。

表1　ある都市の降水量と気温

日	降水量 (mm)	平均気温 (℃)	平均湿度 (%)
1	12.5	26.0	88
2	--	28.9	75
3	--	30.2	69
4	--	31.3	65
5	--	29.6	74
6	4.0	28.6	81
7	0.0	29.4	76
8	1.0	30.1	74
9	8.0	28.2	90
10	0.0	29.5	73
11	0.0	29.5	72
12	--		71
13	48.5	27.4	94
14	22.5	28.6	88
15	14.5	28.6	85
16	4.5	28.1	0
17	--	29.9	77
18	--	30.0	77
19	0.0	30.2	76
20	--	30.3	73
21	0.0	54.8	76
22	10.5	28.6	87
23	2.0	29.4	82
24	0.0	29.5	79
25	--	30.4	71
26	3.5	28.1	81
27	1.0	28.0	78
28	--	29.2	74
29	--	29.4	74
30	--	29.6	74
31	--	29.0	74

―― 空欄 ［ ア ］・［ イ ］・［ ウ ］・［ エ ］・［ セ ］ の解答群 ――

⓪ 外れ値　　① 異常値　　② 欠損値　　③ 平均　　　　④ 分散
⑤ 補完　　　⑥ 補充　　　⑦ 散布図　　⑧ ヒストグラム　⑨ 折れ線グラフ

20 データの扱い

解答編 p.24　時間 4分

問1　次の生徒（S）と先生（T）の会話文を読み，空欄 ア ～ カ に入る最も適当なもの を，後の解答群から一つずつ選べ。ただし，同じものを繰り返し選んでもよい。

S： ア の間隔尺度と比例尺度を，「絶対的な原点があるかどうか」で判断することを学び ました。気温の0度が単なる通過点で絶対的な原点ではないため，気温は イ だとい うことでしたね。

T：そうですね。

S：一方で，以前に絶対温度を学びました。シャルルの法則で，理論上の気体の体積が0に なる摂氏マイナス273.15度を0ケルビンとして温度を測る考え方で，それより低い温 度は考えないというものだったと思います。

T：よく覚えていますね。その通りです。

S：ということは，温度が絶対的な原点を持つことになって， ウ ということになります が，矛盾しませんか？

T：いいところに気が付きましたね。ところで，一般的な気温の単位は何ですか？

S：度です。

T：それでは，絶対温度の単位は何ですか？

S：ケルビンです。

T：そうです。つまり，度を単位とする温度は絶対的な原点を持たないから エ ，ケルビ ンを単位とする温度は絶対的な原点を持つから オ ということです。

S：なるほど。

T：水が凍る温度を0度，水が沸騰する温度を100度としているのは知っていますね？

S：はい。このことからも0度が絶対的な原点とはいえませんね。

T：今，0度といいましたが，0℃または摂氏0度といった方が正確です。日本ではあまり 見かけませんが，華氏と呼ばれる温度の体系もあります。

S：どのような温度ですか？

T：水が凍る温度を32℉，水が沸騰する温度を212℉とし，その間を180等分する方法で す。摂氏も華氏も日常生活のありふれたものを基準にしていて，理論的に決まる絶対温 度と大きく異なるのです。

S：華氏は摂氏と同じように，絶対的な原点を持たないから カ としていいのですか？

T：その通りです。

S：「絶対的な原点」の意味がよく分かりました。

───── 空欄 ア ・ イ ・ ウ ・ エ ・ オ ・ カ の解答群 ─────
⓪ 質的データ　　① 量的データ　　② 名義尺度　　③ 順序尺度　　④ 間隔尺度
⑤ 比例尺度

21 箱ひげ図

解答編 p.25　時間 8分

問1　次に示すヒストグラムと箱ひげ図の組み合わせとして最も適当なものを，次の⓪～⑤から一つ選べ。　ア

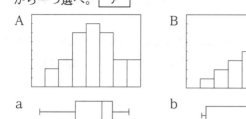

⓪ A—a，B—b，C—c　① A—a，B—c，C—b　② A—c，B—b，C—a
③ A—b，B—a，C—c　④ A—c，B—a，C—b　⑤ A—b，B—c，C—a

問2　次の文章中の空欄　イ　～　エ　に入る最も適当な値を，後の解答群から一つずつ選べ。ただし，同じものを繰り返し選んでもよい。

次のデータはある部屋の騒音レベルを測定した結果で，単位は dB（デシベル）である。

$$57.2 \quad 53.0 \quad 61.3 \quad 63.9 \quad 57.6$$

このデータの平均値は　イ　，中央値は　ウ　である。後にデータの一つに誤りがあったことが分かり，そのデータを正しいデータに書き直した。その結果，中央値は 61.3，平均値は 59.4 となった。このとき，誤っていたデータは　エ　である。

―――― 空欄　イ　・　ウ　・　エ　の解答群 ――――
⓪ 57.2　① 53.0　② 61.3　③ 63.9　④ 57.6　⑤ 58.6

問3　右の図は，生徒 17 人のテストの点数を箱ひげ図にしたものである。この図から読み取れることとして正しいといえるものを，次の⓪～⑧から四つ選べ。

オ　・　カ　・　キ　・　ク

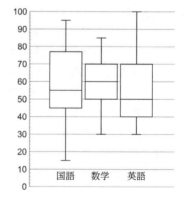

⓪ 範囲は数学が最も大きい。
① 四分位範囲は数学が一番小さい。
② 英語の平均点は 50 点である。
③ 数学の四分位範囲は 55 点である。
④ 国語で 75 ％の人が 40 点以上である。
⑤ どの教科にも 70 点の生徒がいる。
⑥ 英語で 100 点を取った生徒が少なくとも 1 人は存在する。
⑦ 四分位範囲に含まれる生徒の人数は英語が一番多い。
⑧ 数学で 70 点以上を取った生徒が 5 人以上存在する可能性がある。

22 散布図・相関行列

解答編 p.26　時間 4分

右の図1は，ある都市の昨年の気圧，降水量，気温，蒸気圧，湿度のデータをまとめたものである。このとき，後の問い（問1・2）に答えよ。

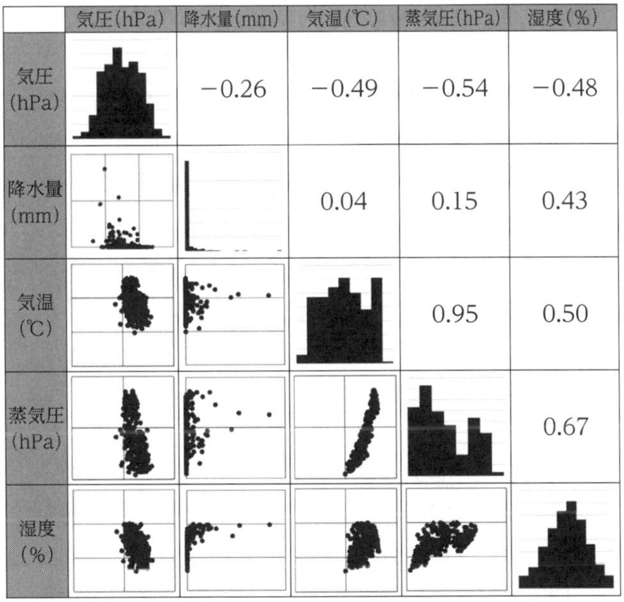

	気圧(hPa)	降水量(mm)	気温(℃)	蒸気圧(hPa)	湿度(%)
気圧(hPa)		-0.26	-0.49	-0.54	-0.48
降水量(mm)			0.04	0.15	0.43
気温(℃)				0.95	0.50
蒸気圧(hPa)					0.67
湿度(%)					

図1　相関行列・散布図行列

問1 次の文章中の空欄 ア ～ ケ に入る最も適当なものを，後の解答群から一つずつ選べ。ただし，同じものを繰り返し選んでもよい。

図1では対角線より右上に ア ，左下に イ を置き，対角線上には ウ を置いている。仮に左上から右下への対角線上に ア を置くと，一つの変数を疑似的に二つとみなした ア が配置されるため，すべて エ になる。同様に仮に左上から右下への対角線上に イ を置くと，データは オ 状のグラフになる。

また図1より，最も強い正の相関にあるのは カ と キ の組み合わせであり，最も弱い相関関係にあるのは ク と ケ の組み合わせである。

―― 空欄 ア ・ イ ・ ウ ・ エ ・ オ の解答群 ――
⓪ ヒストグラム　① 相関係数　② 散布図　③ 直線　④ 放物線
⑤ 双曲線　⑥ 0　⑦ 1　⑧ -1

―― 空欄 カ ・ キ ・ ク ・ ケ の解答群 ――
⓪ 気圧　① 降水量　② 気温　③ 蒸気圧　④ 湿度

問2 図1から読み取れることとして最も適当なものを，次の⓪～③から一つ選べ。 コ
⓪ 降水量が多いと気温が下がる。
① 気圧と他の変数の間には，すべて負の相関関係がある。
② 気圧と降水量に関連性が出ないのは，低気圧とならない停滞前線の影響である。
③ 湿度と蒸気圧の間にはまったく関係が見られない。

23 時系列分析

解答編 p.26 ｜ 時間 4分

問1 次の文章中の空欄 ア ～ ク に入る最も適当なものを，後の解答群から一つずつ選べ。

右の表1は，新型コロナウイルス新規感染者数の推移をまとめたものである。この表の一部をもとに，横軸を日付，縦軸を新規感染者数としたグラフは ア である。

ア のグラフからは大きなうねりは読み取れるが，日々の変化が激しい。そこで，日ごとに直前7日間の平均値を計算し，その値をグラフにすると イ になる。同様に日ごとに直前30日間の平均値を計算し，その値をグラフにすると ウ になる。

期間の短い移動平均と期間の長い移動平均では，日々の変化に対して反応がより遅いのは期間の エ 移動平均である。

期間の短い移動平均のグラフが，期間の長い移動平均のグラフを オ から カ に突き抜けるポイントを境に全体の数値は減少傾向に転じ，逆に キ から ク に突き抜けるポイントを境に全体の数値は増加傾向に転じることが分かる。このことを利用することで，まだ測定していない将来の増加・減少の傾向を予測できる。

表1　新型コロナウイルス
新規感染者数の推移

日付	新規感染者数	直前7日間の平均	直前30日間の平均
2020/1/16	1		
2020/1/17	0		
2020/1/18	0		
2022/7/1	23201	18615.7	15963.9
2022/7/2	24859	19780.6	16114.7
2022/7/3	23192	21105.6	16257.1
2022/7/4	17245	22202.7	16226.1
2022/7/5	36109	24470.7	16941.3
2022/7/6	45698	27631.6	18170.6
2022/7/7	48012	31188.0	19172.5
2022/7/8	50181	35042.3	20234.9
2022/7/9	54846	39326.1	21509.8
2022/7/10	54039	43732.9	22798.3
2023/2/25	14789	13641.6	28863.9
2023/2/26	12279	13372.6	27480.5
2023/2/27	5508	13134.4	25845.9
2023/2/28	14546	12490.1	24847.0

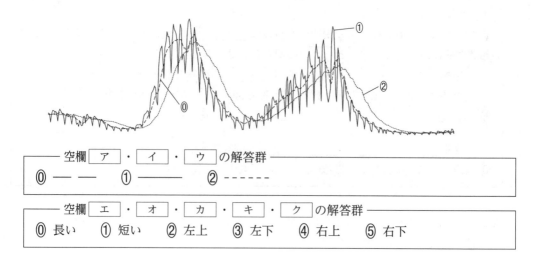

――― 空欄 ア ・ イ ・ ウ の解答群 ―――

⓪ ―――　① ―――　② ------

――― 空欄 エ ・ オ ・ カ ・ キ ・ ク の解答群 ―――

⓪ 長い　① 短い　② 左上　③ 左下　④ 右上　⑤ 右下

24 グラフを使った問題解決

解答編 p.26　時間 8分

次の問い（**問1・2**）に答えよ。

問1　次の文章中の空欄 ア ～ オ に当てはまる数を答えよ。

　右の図のような点と辺で表現される図をグラフという。この図の点の数は ア ，辺の数は イ である。各点につながっている辺の数を次数という。点aの次数は1，点cの次数は ウ ，点eの次数は エ である。どのようなグラフであっても，次数の総和はグラフの辺の数の オ 倍に等しい。

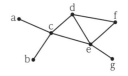

問2　次の文章中の空欄 カ ・ ク ～ シ に入る最も適当なものを，後の解答群から一つずつ選べ。また，空欄 キ ・ ス に当てはまる数を答えよ。

　「オオカミとヤギを連れ，キャベツを持った農夫が河の左岸にいる。川には1艘（そう）のボートがある。ボートを漕げるのは農夫のみであり，ボートには農夫の他に動物1頭かキャベツ1個しか乗せられない。農夫がいないときにオオカミとヤギを岸に残すと，オオカミがヤギを食べてしまい，農夫がいないときにヤギとキャベツを岸に残すと，ヤギがキャベツを食べてしまう。このとき，すべてを無事に右岸に渡すにはどうしたらよいか？」という課題を次のように考えた。

　まず，農夫をF，オオカミをW，ヤギをG，キャベツをCで表す。また，状態の表現として記号 X‖Y を用いる。ここで‖の左のXは左岸にいるもの，‖の右のYは右岸にいるものを表す。例えばFG‖WC は農夫とヤギが左岸に，オオカミとキャベツが右岸に存在する状態を表している。なお，FG‖WC と FG‖CW，GF‖WC，GF‖CW は同じ状態を表す。

　最初の状態を表現すると FWGC‖ であり，最後の状態を表現すると カ になる。制約により許されない状態は キ 通りある。

　最初の FWGC‖ の状態からは，WG‖FC，WC‖FG，GC‖FW の3通りが考えられるが，制約により WG‖FC と ク は許されず， ケ のみが可能となる。これを図にすると下のようになる。薄い点線は制約により実行が許されないパターン，実線が実行可能なパターンである。 ケ の次には コ が，その後には サ が，さらに シ と続く。

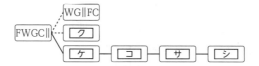

　すべてが右岸に渡るまでこの図を描くと，描かれる実線は全部で ス 本である。

──── 空欄 カ ・ ク ・ ケ ・ コ ・ サ ・ シ の解答群 ────

⓪ FWC‖G　　① ‖FWGC　　② FGC‖W　　③ C‖FWG

④ WC‖FG　　⑤ GC‖FW　　⑥ FW‖GC　　⑦ FWG‖C

1 知的財産権

解答編 p.27　時間 12分

次の文章を読み，後の問い（**問1〜4**）に答えよ。

著作権法は，著作物を創作した者がもつ権利を保護するとともに，著作物の公正な利用を確保することで，文化の発展に貢献することを目的とする法律である。各国，施行されてから現在に至るまで，社会の変化に対応すべく幾度も法改正が行われている。

米国では，2024年1月1日に映画やテレビなどで人気のある米国発のキャラクターが_Aパブリックドメインとなり話題になった。このキャラクターは当初，1984年にパブリックドメインになる予定であった。しかし，1976年に制定された著作権法により，_B著作権の保護期間が延長され，著作権の失効は2004年となった。その後，1998年には，米議会が別の法律を可決し，著作権の存続期間がさらに20年延長されることとなった。

日本国内においては，2018年12月30日に「環太平洋パートナーシップに関する包括的及び先進的な協定（TPP11協定）」の発効に伴う著作権法改正が施行され，原則的に保護期間が従来の期間から延長となり，2018年12月30日の前日において著作権等が消滅していない著作物についてのみ（実名の著作物の場合），死後70年間保護されることとなった。例えば，世界的に著名な画家である藤田嗣治さんの著作物は，藤田さんが1968年1月29日に亡くなられてから2018年12月31日まで保護されるとされていたが，TPP11協定による著作権法の改正により，20 X Y 年の12月31日まで保護されることとなった。

また，平成30年の著作権法改正では，「教育の情報化に対応した」法律が成立し，法律交付日から3年を超えない範囲内で，政令で定める日（2021年5月24日）までに施行の予定であった。しかし，新型コロナウイルス感染症の流行に伴う遠隔授業などのニーズに対応するため，当初の予定を早めて2020年4月28日に施行されることとなった。以前より，_C教育機関については著作権の例外規定が認められているが，この法改正に伴い，対面授業の予習・復習用資料をメールで送信したり，遠隔授業で使用する資料を外部サーバ経由で送信したりすることが，無許諾・有償で行えるようになった。

著作物の適正な利用にあたっては，世界中で広く使われている著作権に関する意思表示ツールとして，_Dクリエイティブ・コモンズ・ライセンス（以下：CCライセンス）が存在する。著作者が著作権を維持したまま作品を世の中に流通させ，利用者は提示された条件内に限って利用が可能となるものである。CCライセンスでは，作品を利用するための条件が図1のように4つあり，これらを組み合わせた6種類のCCライセンスが存在する。いずれのCCライセンスについても「BY（表示）」の条件が課されており，著作物を利用する際には，著作権表示などを正しく示さなければならない。

BY　　NC　　ND　　SA
表示　　非営利　改変禁止　継承

図1　クリエイティブ・コモンズ・ライセンス

問1　下線部A・Bに関する適当な説明を，次の⓪～④から三つ選べ。

　　　　　　　　　　　　　　　　　　　　　　　　　ア ・ イ ・ ウ

⓪ 著作権の保護期間延長は財産権についてのものであり，著作者人格権の保護期間は
これに含まれない。

① 著作権法は，著作者の著作物を保護するいっぽう，ある一定の保護期間を経過後はそ
の権利を消滅させて，著作物は社会全体の共有物であると位置付けている。

② 著作者が「自身の権利について主張していない」ことを，権利放棄とみなすことがで
きる。

③ パブリックドメインは，著作者が死後一定年数を経過した場合に発生するものであ
り，著作者が自発的に権利を放棄した場合は，これに含まれない。

④ 保護期間の計算は，計算方法を簡単にするため，死亡，公表，創作した年の「翌年の
1月1日」から起算する。

問2　文章中の空欄 X ・ Y に当てはまる数をそれぞれ順に答えよ。 エ ・ オ

問3　下線部Cに関連し，教育機関における公衆送信の例外規定として**適当でないもの**を，
⓪～③から二つ選べ。 カ ・ キ

⓪ 市販のドリル教材などを試験問題としてインターネットなどで送信する場合。

① 対面授業で使用した資料や講義映像を，同時中継で遠隔授業の会場に送信する場合。

② 教員や児童・生徒が，販売用のドリル教材などを購入などの代替となるような形態で
コピーして配布する場合や，インターネットを介して送信する場合。

③ 教員が授業で使用するために，児童・生徒に対して小説の一部などをインターネット
を介して送信する場合。

問4　下線部Dに関連し，次の(1)・(2)のような条件で利用を許可する場合に付与するマーク
の組み合わせとして最も適当なものを，次の⓪～⑤から一つずつ選べ。

(1) 非営利目的の利用で，改変は許可するが，同じ組み合わせの CC ライセンスで公開
する。 ク

(2) 改変・営利目的での利用を共に許可する。 ケ

⓪ 　　　① 　　　②

③ 　　　④ 　　　⑤

2 情報セキュリティ

解答編 p.28 ｜ 時間 12分

次の太郎さんと花子さんの会話文を読み，後の問い（**問1・2**）に答えよ。

太郎：SNSで知ったのだけど，送信者を詐称した電子メールを送りつけたり，実在する企業や団体を装った電子メールから偽のWebページに接続させたりして，クレジットカード番号やアカウントID，パスワードなどを盗み出す「フィッシング詐欺」が，最近横行しているらしいよ。花子さんはパスワードの管理をどのようにしているの？

花子：たくさんのWebサービスにアカウントとパスワードを登録しているけど，それぞれのサービスでパスワードを変えるのは大変だから，いつも同じフレーズのものを使っているよ。でも今の話を聞いて，とても怖くなってきたなぁ…。

太郎：それはとても危険な状態だね！なるべく早く_A「安全」とされているパスワードの設定規則に則って変更した方がいいと思うよ。

花子：そうだね，早急に変更するね！その他に，フィッシング詐欺の被害防止のためには何ができるかな？

太郎：フィッシング詐欺への対策としては，_⓪受信したメールに記載されているURLをコピーした後，Webブラウザに貼り付けて正しくページが開けるか確認したり，_①普段利用しているWebブラウザのブックマークに金融機関の正式なURLを記録しておいて，毎回そこからアクセスしたりするなど，常に正しいWebページへアクセスすることができるよう工夫してみるのも一つだね。その他にも，_②重要な情報（インターネットバンキングへのログイン情報やクレジット番号など）の入力を行う際には，SSL/TLSが採用されているか確認するといいらしいよ。あと，フィッシング詐欺かどうか判断が難しい場合は，_③メールの送信元の会社に返信する形で連絡してみるのもよいと思うよ。もし，メール本文に連絡先として_④電話番号が記載してあれば，その番号に電話をしてみるとより早く正確に確認できるね。

花子：日ごろからそのようなことには常に意識しておいた方がよさそうだね！

問1 下線部Aについて，最も適当な設定規則を，次の⓪～②から一つ選べ。 ◻ ア ◻

⓪ 入力の手間を省くため，数字のみで8桁程度のフレーズを用いた設定。

① パスワード設定者が覚えやすく，他人から類推されない単語を組み合わせた設定。

② 日本人が覚えにくそうな，辞書に載っている長い文字数の英単語を用いた設定。

問2 フィッシング詐欺対策として適当でないものを，下線部⓪～④から三つ選べ。

◻ イ ◻ ・ ◻ ウ ◻ ・ ◻ エ ◻

さらに続く次の文章を読み，後の問い（**問3・4**）に答えよ。

生徒会に所属する花子さんは太郎さんとの会話をきっかけに，多くの生徒が情報セキュリ

ティに対して理解することが必要であると考え，生徒会で情報セキュリティに関する新入生
向けのリーフレットを作成することにした。この話を先生に相談したところ，参考になる関
連記事や学校の情報セキュリティポリシーの資料を紹介してくれた。

問3　リーフレットには，パスワード管理に関連した有用な情報を記載したいと考えている。
　　　記載事項として**適当でない**ものを，次の⓪～③から一つ選べ。　オ

　　⓪　取り扱う情報の重要度に応じ，パスワード以外に生体認証や物理認証などの多要素
　　　認証を設定するとよい。

　　①　コンピュータ端末を一定時間操作しなかった場合，パスワードの入力が求められる
　　　よう画面ロックの設定をしておくとよい。

　　②　校内の共用 PC を利用する場合には，すぐに利用できるようサーバ，ネットワーク機
　　　器およびパソコンなどの端末にパスワードを記憶させておくとよい。

　　③　複数のシステムやサービスを利用する場合は，一度のユーザ認証で複数のシステム
　　　が利用可能となる仕組み（シングルサインオン）を用いると便利である。

問4　先生から渡された「教育情報セキュリティポリシー」を見ていると，次の表1のよう
　　　な「機密性による情報資産の分類表」を発見した。表1に関連した説明として**適当でな
　　　い**ものを，次の⓪～③から一つ選べ。　カ

表1　機密性による情報資産の分類表

分類	分類基準	該当する情報資産のイメージ
機密性3	学校で取り扱う情報資産のうち，秘密文書に相当する機密性を要する情報資産	特定の教職員のみが知り得る状態を確保する必要のある情報で，秘密文書に相当するもの
機密性2B	学校で取り扱う情報資産のうち，秘密文書に相当する機密性は要しないが，直ちに一般に公表することを前提としていない情報資産	教職員のみが知り得る状態を確保する必要がある情報資産（教職員のうち，特定の教職員のみが知り得る状態を確保する必要があるものを含む）
機密性2A	学校で取り扱う情報資産のうち，直ちに一般に公表することを前提としていないが，児童生徒がアクセスすることを想定している情報資産	教職員および児童生徒同士のみが知り得る状態を確保する必要がある情報資産（教職員および児童生徒のうち，特定の教職員および児童生徒のみが知り得る状態を確保する必要があるものを含む）
機密性1	2A，2B または3以外の情報資産	公表されている情報資産または公表することを前提として作成された情報資産（教職員および児童生徒以外の者が知り得ても支障がないと認められるものを含む）

　　⓪　このポリシーは，情報資産を改ざん，漏洩<ろうえい>，破壊などの事故から保護することを目的
　　　に策定されている。

　　①　このポリシーには「機密性」のほか，情報セキュリティの3要素である，完全性・可
　　　用性についても同様の分類表が記載されていると考えられる。

　　②　この表は「情報資産」の分類表であるため，資産価値の高いものから順に上からレベ
　　　ル付けがされている。

　　③　このようなポリシーがあることで，学校運営に携わる教職員の情報セキュリティに
　　　対する意識の向上や，学校の信頼性の向上につながると考えられる。

3 情報デザイン

次の太郎さんと花子さんの会話文を読み，後の問い（**問1〜3**）に答えよ。

太郎：分かりやすいデザインって何だろう。

花子：突然どうしたの？

太郎：今朝，駅を歩いていてふと思ったのだけど，駅にはたくさんの案内看板や地図，切符
　　　や飲み物の販売機などがあふれているのに，海外からの旅行者や小さな子どもからお
　　　年寄りまで，皆がスムーズに利用できているように感じてね。

花子：それは_Aユニバーサルデザインの考え方に基づいたデザインが関わっているね。例え
　　　ば，案内看板によく使われている図記号は ア といって，伝えたい内容を単純に表
　　　現する イ という考え方で視覚化しているよ。

太郎：直感的に伝わるデザインが大事ということなのか。

花子：案内図や ア などのように，視覚的な表現を工夫してより多くの情報を可視化した
　　　もののことを，_Bインフォグラフィックスというよ。

問1　空欄 ア ・ イ に入る最も適当なものを，次の⓪〜⑧から一つずつ選べ。

　　⓪ カリグラフィー　　① コラージュ　　② タイポグラフィー　　③ ピクトグラム

　　④ 具体化　　⑤ 形骸化　　⑥ 形成化　　⑦ 実体化　　⑧ 抽象化

問2　下線部Aの説明として最も適当なものを，次の⓪〜③から一つ選べ。 ウ

　　⓪ 一時的な流行に基づいて設計をすること。

　　① 芸術的で洗練された設計をすること。

　　② 誰にとっても最初から使いやすい設計をすること。

　　③ 特定の年齢層にとって使いやすい設計をすること。

問3　下線部Bの説明として適当なものを，次の⓪〜④から二つ選べ。 エ ・ オ

　　⓪ 伝えたい情報を強調した図で表す。

　　① 伝えたい情報を文字情報で詳細に表現する。

　　② 目的に必要ない情報でも省略せず正確に表現する。

　　③ 目的に必要ない情報は省略して表すこともある。

　　④ 文字や図の大きさ，表示言語を変更できるようにする。

さらに続く次の会話文を読み，後の問い（**問4・5**）に答えよ。

太郎：切符の券売機の画面もいろいろな工夫が感じられるね。

花子：そうね。例えば配色やボタンデザインなど，利用者の_Cユーザビリティの向上のためにたくさんの工夫がされているよ。飲み物の自動販売機でも，同じようなデザイン思想をもとに設計されているものが最近増えているよ。

太郎：あと，駅に設置されている案内地図を見ると，地図以外に主要なランドマークやお店の一覧が_Dいろいろな方法でまとめられていて便利に感じたよ！

問4　下線部Cに関する説明として**適当でないもの**を，次の⓪～④から一つ選べ。　カ

  ⓪　凹凸のある物理的なボタンでも操作できるようにする。

  ①　お金の投入口は大きく入れやすい形状にする。

  ②　選択ボタンはよく使う項目を大きく表示して選びやすくする。

  ③　多言語切り替えや漢字にフリガナ表示をできるようにする。

  ④　背景色と文字色に類似色を使うことで，色が目立つようにする。

問5　下線部Dに関し，次の(1)～(5)に示す情報を構造化する際の基準として最も適当なものを，後の解答群から一つずつ選べ。

  (1)　レストラン，文化施設，行政施設，商業施設，その他施設別スポットまとめ　キ

  (2)　建設年ごとのスポットまとめ　ク

  (3)　名前順スポットまとめ　ケ

  (4)　人気順スポットまとめ　コ

  (5)　地図上に描かれたスポットまとめ　サ

───　空欄　キ・ク・ケ・コ・サ　の解答群　───

⓪　位置　　①　アルファベット，五十音　　②　時間　　③　カテゴリー　　④　階層

4 画像のデジタル化と情報量

解答編 p.30　時間 12分

次の文章を読み，後の問い(**問1～3**)に答えよ。

　修学旅行で撮影した写真をクラスメイトでもち寄って，デジタルアルバムを作ることにした。写真は縦127 mm×横203.2 mm で印刷をし，パソコンに接続したスキャナーを用いて読み込んだデータを，用意した SD カードに保存する。

問1　次の⓪～③の記述について，最も適当なものを一つ選べ。　ア

　　⓪　解像度(dpi)とは，1インチ当たりの画素数のことで，解像度が高いほど，より小さなデータ量で画像を表現することができる。

　　①　ディスプレイ画面の色は，赤，黄，青の光の三原色の組み合わせによって表現されている。

　　②　光の三原色それぞれの光の明るさを分ける段階数のことを階調という。

　　③　光の三原色それぞれを128段階で表すと，2097152色表現することができ，これをフルカラーという。

問2　写真をスキャナーで読み込む際，設定を変えて画像の解像度(dpi)や，光の三原色それぞれの明るさの段階数を変えると，画像の見た目がどのように変化するか比較した。このとき，次の表1の空欄　イ　～　オ　に入る最も適当な画像を，後の⓪～③から一つずつ選べ。なお，出題の関係上，画像はグレースケールで印刷されている。

表1　各解像度および各色の段階数に対応する画像

300 dpi の画像	10 dpi の画像	2 dpi の画像
	イ	ウ
各色 256 段階の画像	各色 3 段階の画像	各色 2 段階の画像
	エ	オ

⓪

①

②

③

問3　比較した結果，一番きれいに取り込めた 300 dpi，各色 256 段階で量子化する設定で，写真をスキャンすることにした。次の(1)～(3)の文章中の空欄 カ ・ キ ・ ケ ・ コ ・ ス に入る最も適当なものを，後の解答群から一つずつ選べ。また，空欄 ク ・ サ ・ シ に当てはまる数をそれぞれ答えよ。なお，1 インチ＝25.4 mm とし，1 MB＝1,000,000 B とする。

(1) 印刷した写真をスキャンすると，縦が 1,500 画素で，横が カ 画素となる。よって総画素数は キ 画素となる。このとき，1 画素あたり ク バイトの情報量が必要になるため，画像全体では ケ MB の情報量となる。

(2) 用意した SD カードの容量が 1,000 MB の場合，保存できる画像は最大 コ 枚となるが，解像度を変更せずに保存できる枚数を倍にしたければ，各色 サ シ 段階で量子化すればよい。

(3) 写真を保存するとき，無圧縮で保存すると情報量が大きくなるため， ス という画像形式を用いることが多い。この形式は非可逆圧縮であり，無圧縮に比べ情報量が少ない。

空欄 カ ・ キ の解答群

⓪ 8　　　　① 40　　　　② 203.2　　　③ 800
④ 2400　　⑤ 25806.4　⑥ 1200000　⑦ 3600000

空欄 ケ ・ コ の解答群

⓪ 4　　　① 10.8　　② 90　　　　③ 91　　　　④ 92
⑤ 93　　　⑥ 100　　⑦ 10800000　⑧ 921600000　⑨ 2764800000

空欄 ス の解答群

⓪ BMP　　① JPEG　　② MIDI　　③ MP4　　④ WAV

5 **Web サイトの構築**

解答編 p.31　時間 10分

次の太郎さん，次郎さん，花子さんの会話文を読み，後の問い(**問1・2**)に答えよ。

太郎：探究活動で調べた内容を広く知ってもらうため，Web サイトを作ろうと思うんだ。

次郎：それはいいね！自分が住む町や学校の歴史，自然環境，おすすめスポットなど，みんなでたくさんのことを調べたからね。

花子：調べたことが多くて，各ページがすごく長くなっちゃうね。

太郎：そこはうまく_A情報を構造化することで，_Bユーザビリティを向上させよう。

次郎：まずは Web サイトの構成案と，誰がどのページを分担するか決めよう。

太郎：Web サイトで作る各項目のテンプレートを HTML コードで作ってみるよ。

花子：そのテンプレートをもとに担当ページを作っていけばいいのね。ありがとう！

問1　下線部Aに関し，Web サイトの構造化の例を示した次の図1の空欄　ア　〜　キ　に入る最も適当なものを，後の解答群から一つずつ選べ。

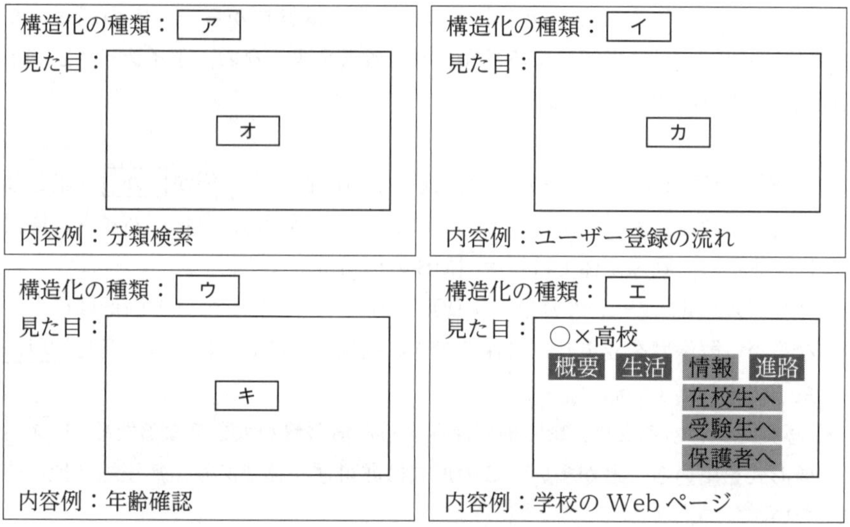

構造化の種類：　ア	構造化の種類：　イ
見た目： 　オ	見た目： 　カ
内容例：分類検索	内容例：ユーザー登録の流れ

構造化の種類：　ウ	構造化の種類：　エ
見た目： 　キ	見た目：○×高校 概要　生活　情報　進路 在校生へ 受験生へ 保護者へ
内容例：年齢確認	内容例：学校の Web ページ

図1　Web サイトの構造化

空欄　ア　・　イ　・　ウ　・　エ　の解答群

⓪ 階層　　① 順序　　② 分岐　　③ 並列

空欄　オ　・　カ　・　キ　の解答群

⓪
学問	遊び
文化	自然
歴史	行政

①
13歳以上ですか？
はい　　いいえ
アカウント　　保護者同意
の作成　　が必要です

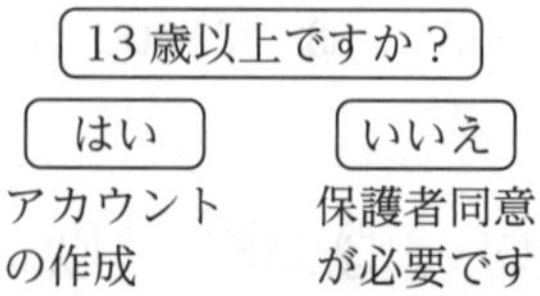

②
個人情報入力 〉 プラン選択
確認 〉 完了

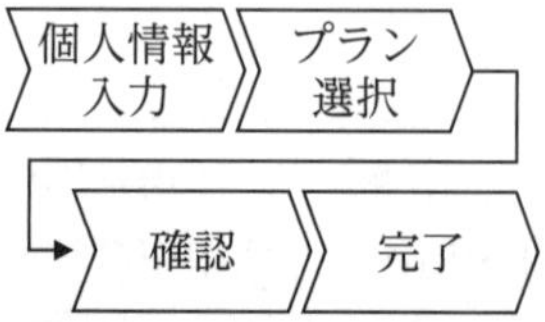

問2　下線部Bに関する説明として適当なものを，次の⓪～④から三つ選べ。

　　　　　　　　　　　　　　　　　　　　　　　　　ク ・ ケ ・ コ

⓪　色覚や視力に障がいをもつユーザであっても使いやすい色構成とサイズを用いる。

①　メニューはシンプルで直感的に操作できるようデザインする。

②　記載したい情報が多数あるときは，極力小さな文字でWebページをデザインする。

③　様々なPCやスマートフォンで正しく表示され，操作がしやすいデザインにする。

④　複雑で入り組んだメニューやリンク構造でWebページを構成する。

さらに続く次の会話文を読み，後の問い（**問3～5**）に答えよ。

花子：作ってくれたWebページのテンプレートを使って，自分の担当ページを作るね。でも作る人によって，文字サイズや色などのデザインがバラバラにならないかな？

次郎：そういうときは，_CCSSを作ってデザイン設定を統一させよう。

花子：カラーコードで青色を表現したいときは，「#0000FF」だったよね？

次郎：そうだよ。もしマゼンタを表現したかったら，光の三原色でいえば　X　色と青色の合成色で，カラーコードなら　Y　と書けるね。

花子：ありがとう！項目や文章を書くときに気を付けた方がいいことはある？

太郎：項目番号を付けたり，インデントを項目ごとに合わせたりすると見やすくなるよ。

花子：少しの工夫で見た目の印象や見やすさが段違いに変わるのね！

太郎：Webページを公開したら見た人から感想をもらって，_D改善につなげよう！

問3　下線部Cの説明として**適当でない**ものを，次の⓪～②から一つ選べ。　サ

⓪　colorプロパティで文字色を指定する。

①　marginプロパティでフォントの種類を指定する。

②　セレクタは大文字と小文字を区別するため，注意が必要である。

問4　文章中の空欄　X　・　Y　に入る最も適当なものを，後の解答群から一つずつ選べ。

　　　　　　　　　　　　　　　　　　　　　　　　　　　シ ・ ス

──── 空欄　シ　の解答群 ────

⓪ 青　① 赤　② イエロー　③ 黒　④ シアン　⑤ 白　⑥ マゼンタ　⑦ 緑

──── 空欄　ス　の解答群 ────

⓪ #000000　① #0000FF　② #00FF00　③ #00FFFF

④ #FF0000　⑤ #FF00FF　⑥ #FFFF00　⑦ #FFFFFF

問5　下線部Dのように，評価や改善を段階に分けて繰り返す手法として最も適当なものを，次の⓪～③から一つ選べ。　セ

⓪ ABCDサイクル　① PACDサイクル　② PADAサイクル　③ PDCAサイクル

6 演算誤差

解答編 p.32　時間 8分

次の生徒（S）と先生（T）の会話文を読み，後の問い（**問1**）に答えよ。

S：演算誤差について学習しているときに「オーバーフロー」という用語が出てきました。用語の説明として「計算結果が扱える桁の範囲を超えてしまったときに起こる」と書いてあったのですが，具体例が知りたいです。

T：分かりました。それでは，2進数のシフト演算の例として，論理シフトを紹介しますね。シフトには，「位置を移動する」という意味があります。論理シフトでは，すべて符号なしの2進数で，符号を考慮しないシフト操作を行います。論理シフトでは，ずらして空いたビットには「0」を入れることになっています。さて，ここで2進数と10進数の変換の質問をします。2進数4桁の $0011_{(2)}$ を10進数で表すと3になりますが，$0110_{(2)}$ と $1100_{(2)}$ を10進数で表すとそれぞれどうなりますか？

S：$0110_{(2)}$ は6，$1100_{(2)}$ は12です。

T：正解です。図で表すと図1のようになります。ここから何が分かるでしょうか？

S：2進数を1ビット左に論理シフトすると $\boxed{ア}$ になるということが分かります。

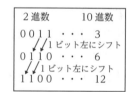

図1　$0011_{(2)}$ を左にシフトしたときの10進数との対応

T：その通りです。今回は2進数4桁で考えていますが，$1100_{(2)}$ をさらにもう一回左に論理シフトするとどうなりますか？

S：$11000_{(2)}$ となりますが扱えるのは4桁なので，最上位ビットの「1」があふれ，$1000_{(2)}$ になってしまいます！（図2）

T：そうですね。このように，「計算結果が扱える桁の範囲を超えてしまったときに起こる」のがオーバーフローです。

S：なるほど。オーバーフローについて理解することができました。ところで，今回シフト演算について学んで気付いたのですが，もしかして，コンピュータにおいて乗算は，シフト演算を用いて計算されているのではないでしょうか？

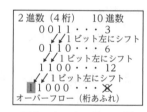

図2　オーバーフローの図

T：鋭い視点ですね。図1の例から，10進数の $3×4=12$ をコンピュータがどのように扱っているか考えてみましょう。オーバーフローを考慮しない場合，2進数のビット列を n ビット左に論理シフトすると $\boxed{イ}$ になります。つまり4は 2^2 なので，もとのビット列を2回左に論理シフトすると考えられます。もとの数である3，つまり2進数の $0011_{(2)}$ を2回左に論理シフトすると $1100_{(2)}$ となり，これは10進数だと12となります。

S：確かに $3×4=12$ の計算をすることができました。ところで，$3×5$ のように掛ける数が 2^n で表せない場合はどうするのでしょうか？

T：その場合は，$5=2^2+2^0$ なので，3×5 を $3\times2^2+3\times2^0$ と分解し，図3のように3を2回左に論理シフトしたものに3を足してあげるとよいですよ。

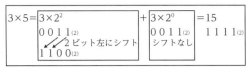

図3　3×5の計算の様子

問1　空欄　ア　・　イ　に入る最も適当なものを，次の⓪〜⑤から一つずつ選べ。なお，「もとの数」とはシフト演算をする前の数のことを指す。

⓪ もとの数の 2^{-1} 倍　　① もとの数の2倍　　② もとの数の 2^{-n} 倍

③ もとの数の 2^n 倍　　④ 負の数　　⑤ 10進数

さらに続く次の文章を読み，後の問い（**問2・3**）に答えよ。

シフト演算において，符号を考慮して行うものを算術シフトという。算術シフトでは，最上位のビットを「0」（正）または「1」（負）の符号ビットとして扱い，それ以降のビットを左右にシフトする。ずらして空いたビットには，算術左シフトの場合は「0」が，算術右シフトの場合は符号ビットと同じ値が入る。

【算術左シフトの例】

符号付き4桁の2進数 $1110_{(2)}$ を左に2ビット算術シフトする場合を考える。最上位ビットの「1」は固定されるため，シフト操作はそれ以外の3桁に対して行われる。空いたビットには「0」が入るので $1100_{(2)}$ となる。

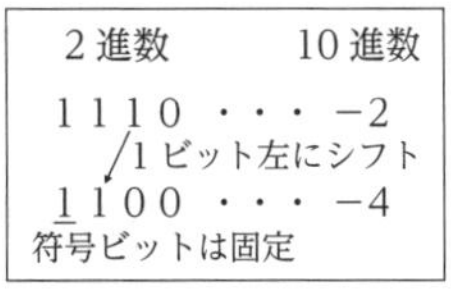

図4　算術左シフトの例

【算術右シフトの例】

符号付き4桁の2進数 $1110_{(2)}$ を右に1ビット算術シフトする場合を考える。最上位ビットの「1」は固定されるため，シフト操作はそれ以外の3桁に対して行われる。空いたビットには符号ビットと同じ値である「1」が入るので $1111_{(2)}$ となる。

図5　算術右シフトの例

ここで，符号付き8桁の2進数 $11110000_{(2)}$ を考えると，左に3ビット算術シフトすると　ウ　$_{(2)}$，右に3ビット算術シフトすると　エ　$_{(2)}$ になる。

問2　空欄　ウ　・　エ　に入る最も適当なものを，次の⓪〜③から一つずつ選べ。

⓪ 11111110　　① 00011110　　② 10000111　　③ 10000000

問3　算術左シフトにおいて，オーバーフローが発生するのはどのようなときか。次の⓪〜③から一つ選べ。　オ

⓪ 符号ビットが「0」のとき　　① 符号ビットが「1」のとき

② 右にシフトしたとき　　③ 符号ビットと異なる数値があふれたとき

7 論理回路の組み合わせ （令和7年度 大学入学共通テスト試作問題『情報 I』 改）

解答編 p.33 ｜ 時間 10分

次の文章を読み，後の問い（**問1～3**）に答えよ。

基本的な論理回路には，論理積回路（AND 回路），論理和回路（OR 回路），否定回路（NOT回路）の三つがある。これらの図記号と真理値表は次の表1で示される。真理値表とは，入力と出力の関係を示した表である。

表1　図記号と真理値表

回路名	論理積回路			論理和回路			否定回路	
図記号	A B ⟶ Z			A B ⟶ Z			A ⟶ Z	

真理値表	入力		出力	入力		出力	入力	出力
	A	B	Z	A	B	Z	A	Z
	0	0	0	0	0	0	0	1
	0	1	0	0	1	1	1	0
	1	0	0	1	0	1		
	1	1	1	1	1	1		

問1 二進数1桁同士の加算を行う回路を半加算器といい，二つの入力をAとB，その桁の答えをS，桁上げをC（図1参照）とすると，真理値表は次の表2で示される。また，これを実現する論理回路は図2である。このとき，図2の空欄 ア に当てはまる図記号を，後の解答群から一つ選べ。

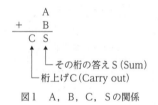

$$\begin{array}{r} A \\ +\quad B \\ \hline C\ S \end{array}$$

└ その桁の答え S (Sum)
└ 桁上げ C (Carry out)

図1　A，B，C，Sの関係

表2　半加算器の真理値表

入力		出力		
A	B	C	S	
0	0	0	0	⟵ $0_{(2)}+0_{(2)}=0_{(2)}$
0	1	0	1	⟵ $0_{(2)}+1_{(2)}=1_{(2)}$
1	0	0	1	⟵ $1_{(2)}+0_{(2)}=1_{(2)}$
1	1	1	0	⟵ $1_{(2)}+1_{(2)}=10_{(2)}$

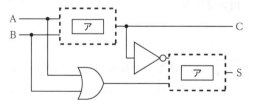

図2　半加算器の論理回路

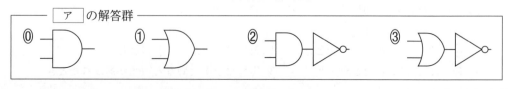

ア の解答群

⓪ ① ② ③

問2 論理回路の一つに，二つの入力のいずれか一方のみが1のときに1となり，両方1や両方0のときには0となる排他的論理和回路（XOR回路）がある。排他的論理和回路の図記号と真理値表を表3に示す。図2の半加算器と真理値表が同じになるものを，次の⓪～③から一つ選べ。 イ

表3 排他的論理和回路の図記号と真理値表

回路名	排他的論理和回路
図記号	A ─⟩ Z B ─⟩
真理値表	入力 / 出力

入力		出力
A	B	Z
0	0	0
0	1	1
1	0	1
1	1	0

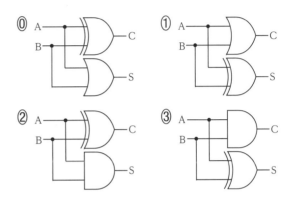

問3 半加算器は下位の桁からの桁上げを考慮していない。下位の桁からの桁上げを考慮した加算器を全加算器といい，入力X，入力Y，下位の桁からの桁上げ入力を C_in，桁上げを C_out，その桁の答えを S（図3参照）とすると，真理値表は次の表4で示される。また，これを実現する論理回路は図4である。このとき，図4の空欄 ウ に当てはまる図記号を，後の解答群から一つ選べ。なお，図4中の「半加算器」となっている部分の入出力は表2に従うものとする。

表4 全加算器の真理値表

入力			途中経過		出力	
X	Y	C_in	C1	C2	C_out	S
0	0	0	0	0	0	0
0	0	1	0	0	0	1
0	1	0	0	0	0	1
0	1	1	0	1	1	0
1	0	0	0	0	0	1
1	0	1	0	1	1	0
1	1	0	1	0	1	0
1	1	1	1	0	1	1

$$\begin{array}{r} X \\ Y \\ +\quad C\_in \\ \hline C\_out \quad S \end{array}$$

図3 X，Y，C_in，C_out の関係

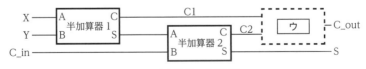

図4 全加算器の論理回路

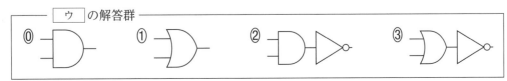

ウ の解答群

⓪   ①   ②   ③

8 待ち行列シミュレーション

解答編 p.36　時間 12分

次の文章を読み，後の問いに答えよ。

　花子さんの学校では，入学予定者の中学生が入学前に学校に登校をして，学用品を購入したり制服を採寸したりする日が設けられている。花子さん自身もそうであったが，部活動の後輩から「制服採寸のコーナーでかなりの時間待たされた」という話を今年も聞き，状況を改善すべく，入学予定者が登校する日に調査することにした。

問1　次の文章中の空欄 ア ～ コ に当てはまる数をそれぞれ答えよ。

　現地を調査してみると採寸コーナーにある試着室は1部屋のみであった。花子さんは自身の記録を分析したところ，実際に制服採寸の担当者が案内を始めて採寸が終わるまで，一人の客への対応時間に約5分を要していることが分かった。そして，最初の40人の客の到着間隔を調べたところ，表1のようになった。この表をもとに人数から相対度数を求め，その累積相対度数を確率とみなして考えることにした。なお，到着時間は一定の範囲をもとに集計しているため，各範囲に対して階級値で考えることにした。

表1　到着間隔と人数

到着間隔(秒) 以上	未満	人数(度数)	相対度数	累積相対度数	累積度数(人)	階級値
0	～ 30	4	0.10	0.10	4	0分
30	～ 90	5	0.13	0.23	9	1分
90	～ 150	12	0.30	0.53	21	2分
150	～ 210	8	0.20	0.73	29	3分
210	～ 270	6	0.15	0.88	35	4分
270	～ 330	2	0.05	0.93	37	5分
330	～ 390	3	0.08	1.00	40	6分
390	～	0	—	—	—	—

　その後，表計算ソフトウェアで生成させた乱数（0以上1未満の数値が同じ確率で出現する一様乱数）を用いて，試しに最初の10人の到着間隔をこの表1をもとに導き出したところ，表2のようになった。ここでの到着間隔は，表1の階級値をもとにしている。なお，1人目は到着間隔0分とした。

表2　乱数から導き出した到着間隔

順番	生成させた乱数	到着間隔
1人目	—	0分
2人目	0.47	2分
3人目	0.22	1分
4人目	0.09	0分
5人目	0.98	6分
6人目	0.57	3分
7人目	0.53	3分
8人目	0.89	ア 分
9人目	0.64	イ 分
10人目	0.11	ウ 分

表2の結果から10人の客の待ち状況が分かるよう，シミュレーション結果を図1のように表すことにした（図は5人目まで記入）。

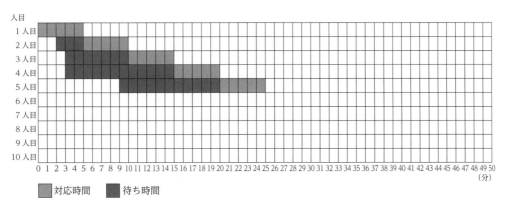

図1　試着室が1部屋の場合のシミュレーション結果（作成途中）

図1の待ち時間とは，並び始めてから直前の人の対応時間が終わるまでの時間である。なお，対応時間中の客は待っている人数に含めないとする。このとき，待ち人数が最も多いときは エ 人であり（これを最大待ち人数という），客の中で待ち時間が最も長いのは オ カ 分である（これを最大待ち時間という）。また，1人目から10人目までの平均待ち時間は，小数第1位を四捨五入すると， キ ク 分であった。

試着室が1部屋では，待ち人数・待ち時間ともに長くなることから，花子さんは，試着室を2部屋に増やした場合を考えた（ここでは，試着室Aと試着室Bとする）。この場合も同様に，シミュレーション結果を図2のように表すこととした。このとき，最大待ち人数は ケ 人，最大待ち時間は コ 分となり，2部屋にしたことでどちらも大幅に短縮できることが分かった。

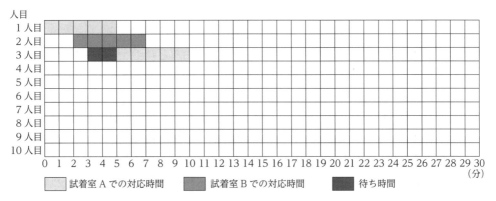

図2　試着室が2部屋の場合のシミュレーション結果（作成途中）

9 探索のプログラム

解答編 p.37　時間 13分

問1 体育祭実行委員長の生徒（A）と副委員長の生徒（B），先生（T）の会話文を読み，空欄 ア ～ ウ ・ キ ・ ク に当てはまる数を答えよ。また，空欄 エ ～ カ に入る最も適当なものを，後の解答群から一つずつ選べ。

A：やっと私たちの代になったから，今年は例年以上に体育祭を盛り上げたいね。

B：今年の体育祭は学年内のクラス同士が1対1で対戦し，他クラスの友人たちを応援し合えるような競技構成にしたいなぁ。

A：それはよいアイデアだね。今までは応援する人たちは他学年の生徒がメインだったしね。

B：大縄跳びやバケツリレーなどは毎年恒例だったけど，今年は大玉送りなどどうかな？

A：大玉送りだとスペース的に一度に二クラスまでの出場となりそうだし，出場待ちのクラスも同学年の他クラスを応援できるから盛り上がれるかも！

B：じゃあ早速，各クラスが出場する総当たりの表を作成してみるね。

A：ありがとう。でも一つずつ対戦相手を書き出すのは大変だから，授業で勉強したプログラミングを使って，対戦相手の一覧を出力するプログラムを作ったらどうかな？

Bさんは，以下のプログラム（図1）を作成して実行結果をAさんに共有した。

```
(1) Kumibangou = ["1組", "2組", "3組", "4組", "5組", "6組"]
(2) kumi1にKumibangouの要素を代入しながら繰り返す：
(3) │ kumi2にKumibangouの要素を代入しながら繰り返す：
(4) └ └ 表示する(kumi1 , "対" , kumi2)
```

図1　対戦相手の一覧を出力するプログラム

A：早速共有してくれてありがとう！実行結果を見ると，計36通りの対戦パターンが表示されて，同じクラス同士で対戦しているものが ア 試合あるね。また，「1組対2組」，「2組対1組」といった重複している組み合わせは イ ウ 試合あったよ？

B：たしかに！どこが原因で，どうすれば解決につながるか，先生に相談してみるね。

（Bさんは，先生のところに相談に行く）

B：今年の体育祭では新しい種目として大玉送りを行おうと考え，学年内でクラス総当たり戦となるようなプログラムを書いてみました。しかし，出力結果を見ると同じクラス同士の対戦や，既に戦ったはずの組み合わせが再び登場したりしていました。

T：総当たり戦ということは，すべての参加チームが他のすべての参加チームと1回ずつ対戦する方式ですね。ただ，図1のプログラムでは，kumi1 と kumi2 の両方に6チームずつ入るため，同じチーム同士や対戦済みのチーム同士が発生します。プログラムの考え方として，例えば「い組」・「ろ組」・「は組」・「に組」という4チームで対戦する場合を考えてみましょう。1番目の「い組」は「ろ組」・「は組」・「に組」の3チームと対戦することになり，2番目の「ろ組」は既に対戦済みの「い組」を除いた「は組」と「に

組」の2チームと対戦することになります。そして，3番目の「は組」は既に「い組」と「ろ組」とは対戦済みなので，残る4番目の「に組」とだけ対戦すればよいことになります。このような考え方で，次の関数のプログラムを用いて，図1を改良してはどうでしょうか。この関数は，添字を用いずに配列内の要素を番号で出力することができるので，既に作成している図1のプログラムと同じ行数で解決できます。

［関数の説明と例］

番号(配列)… 引数として「配列」が与えられ，その配列の要素に0から番号を順に割り振り，添字と要素が戻り値となる関数。

例：配列Kumi=["い組", "ろ組", "は組", "に組"]の場合，番号(Kumi)の戻り値は，「 0 い組 ， 1 ろ組 ， 2 は組 ， 3 に組 」となる。

T：今回の図1のプログラムであれば，**番号関数**を用いることで，配列 Kumibangou の添字と各要素の組み合わせを取得することができます。

B：なるほど！先生から教わった考え方とこの関数を用いて，自分で取り組んでみます。

Bさんは，先生(T)との会話からヒントを得て，以下のプログラムを考えた(図2)。

```
(1)  Kumibangou = ["1組", "2組", "3組", "4組", "5組", "6組"]
(2)  iとkumi1に  エ  の戻り値(添字と要素)を順に代入しながら繰り返す:
(3)  │ kumi2に  オ [ カ :]の要素を代入しながら繰り返す:
(4)  └└  表示する(kumi1 ， "対" ， kumi2)
```

図2　図1を改良したプログラム

1行目は図1と同様に，配列 Kumibangou に1組から6組を設定している。2行目は先生(T)のヒントに従い，各添字と要素の組み合わせを取得できる**番号関数**を用いた繰り返し文を記述した。具体的には，**番号関数**から取得した各添字と要素を i と kumi1 という変数に代入し，i には1組から6組までの各組の0から始まる添字が，kumi1 には各組の名前が格納される。また，3行目は2行目の繰り返し文で取得した組以降の組との対戦を処理できるよう，　オ　[　カ　:]と記述した。なお，　カ　の後ろに「:」を記述することで，　カ　から最後の要素までを対象として指定できる。実行してみると　キ　　ク　試合の対戦パターンが表示されたので，正しく計算できていることが分かった。

空欄　エ　の解答群 ─────────

⓪ 番号(Kumibangou)- 1　　① 番号(Kumibangou)

② 番号(Kumibangou)+ 1　　③ Kumibangou (番号)

空欄　オ　・　カ　の解答群 ─────────

⓪ 番号　　① Kumibangou　　② i　　③ kumi1　　④ kumi2

⑤ i - 1　　⑥ i　　⑦ i + 1

10 アルゴリズムの比較 　　　　　（平成 12 年度　情報関係基礎本試　改）

解答編	時間
p.38	15分

　花子さんは文化祭期間中，飲食物を購入した生徒を対象に景品が当たる抽選券を配布した。後日，当選番号を記した 27 枚の札を図 1 のように校内に掲示した。

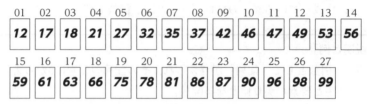

図1　当選番号を記した 27 枚の札

　花子さんは，それぞれの抽選番号が当選しているか調べる際，探索方法の違いでどのような差が生じるのか検証してみることにした。探索範囲は図 1 に示す 27 枚とし，探索範囲を徐々に狭めていく次の二つの検証方法で試した。

【検証方法Ⅰ】

　手順Ⅰ-①：先頭の札（初回は 01「12」）から順番に調べていく。

　〈条件〉・先頭の札に書かれた番号が，探している番号であれば，探索終了（当選）。

　　　　　・先頭の札に書かれた番号が，探している番号より大きい場合，先頭の札とそれ以後の札には，探している番号が書かれた札は存在しないため，先頭以後の札を探索範囲から外す。

　　　　　・先頭の札に書かれた番号が，探している番号より小さい場合，その札を探索範囲から外す。

　手順Ⅰ-②：探索範囲に 1 枚以上札が残っている場合には，手順Ⅰ-①に戻る。

　　　　　　そうではない場合には，探している番号が書かれている札は存在しないため，探索を終了する（落選）。

【検証方法Ⅱ】

　手順Ⅱ-①：探索範囲の中央の札（初回は 14「56」）から調べていく。

　※探索範囲の札枚数 x が偶数の場合は，探索範囲の先頭から $\dfrac{x}{2}$ 枚目を中央の札とみなす。

　〈条件〉・中央の札に書かれた番号が，探している番号であれば探索を終了する（当選）。

　　　　　・中央の札に書かれた番号が，探している番号より大きい場合，中央の札とそれ以後の札には，探している番号が書かれた札は存在しないため，中央以後の札を探索範囲から外す。

　　　　　・中央の札に書かれた番号が，探している番号より小さい場合，中央の札とそれ以前の札には，探している番号が書かれた札は存在しないため，中央以前の札を探索範囲から外す。

　手順Ⅱ-②：探索範囲に 1 枚以上札が残っている場合，手順Ⅱ-①に戻る。

　　　　　　そうでない場合には，探している番号が書かれている札は存在しないため探索を終了する（落選）。

問1　次の文章中の空欄 $\boxed{ア}$ ～ $\boxed{コ}$・$\boxed{セ}$・$\boxed{ソ}$ に当てはまる数をそれぞれ答えよ。また，空欄 $\boxed{サ}$ ～ $\boxed{ス}$ に入る最も適当なものを，後の解答群から一つずつ選べ。

　番号「96」と書かれている札を【検証方法Ⅰ】で探索する場合，探索開始から終了までに手順Ⅰ-①は計 $\boxed{ア}$ $\boxed{イ}$ 回実行される。

　番号「17」と書かれている札を【検証方法Ⅱ】で探索する場合，手順Ⅱ-①と手順Ⅱ-②が以下のように繰り返される。

手順Ⅱ-①：札01～27の中央の札14に書かれている番号「56」と，探している番号「17」
　　　　　を比較する。その結果，探索範囲は札01～13となる。

手順Ⅱ-②：探索範囲に札が残っているので，探索を続ける。

手順Ⅱ-①：札01～13の中央の札 $\boxed{ウ}$ $\boxed{エ}$ に書かれている番号「35」と，探している番号
　　　　　「17」を比較する。その結果，探索範囲は札 $\boxed{オ}$ $\boxed{カ}$ ～ $\boxed{キ}$ $\boxed{ク}$ となる。

手順Ⅱ-②：探索範囲に札が残っているため，引き続き探索を続ける。

（以下，探索が終了するまでこれを繰り返す）

上記の手順Ⅱ-①は，探索開始から終了までの間に合計で $\boxed{ケ}$ 回実行される。同様に番号「27」と書かれた札を探索する場合，手順Ⅱ-①は合計で $\boxed{コ}$ 回実行される。

　花子さんは【検証方法Ⅰ】の探索方法を参考に，次の図2のプログラムを作成した。

```
(1)  探索(Fuda，tansakuchi)の定義開始
(2)  │iを0から引数の配列の要素数まで1ずつ増やしながら繰り返す：
(3)  │ もしFuda[i]==  サ  ならば：
(4)  └ └ 表示する("探している札は"， シ ，"番目にあります。")
(5)  │ そうでなければ：
(6)  └ └ 表示する("探している札はありません。")
(7)  探索(Fuda，tansakuchi)の定義終了
(8)  Fuda = [12, 17, 18, ・・・(中略)・・・, 96, 98, 99]
(9)  tansakuchi = 90
(10)  ス
```

図2　【検証方法Ⅰ】を参考に花子さんが作成した**探索**関数のプログラム

　図2の1行目では，**探索**関数の名称と，その引数となる配列 Fuda と変数 tansakuchi をかっこ書きで記述し，関数の定義を開始している。2～6行目では，反復構造と分岐構造を用いて，配列の各要素を順に $\boxed{サ}$ の値と比較している。比較した値が一致する場合には，配列の先頭を1と数えて何番目にあるのかを表示するため，カンマで区切り $\boxed{シ}$ と記述している。なお配列の添字は0から始まるものとする。8行目以降では，**探索**関数を用いるため，配列 Fuda と変数 tansakuchi を記述した後に $\boxed{ス}$ と記述している。

　なお，図2の実行結果は「探している札は $\boxed{セ}$ $\boxed{ソ}$ 番目にあります。」となる。

──── 空欄 $\boxed{サ}$・$\boxed{シ}$・$\boxed{ス}$ の解答群 ────
⓪ 0　　　　　① 1　　　② i-1　　③ i　　④ i+1
⑤ tansakuchi　　⑥ Fuda　　⑦ **探索**(Fuda，tansakuchi)

4章　情報通信ネットワークとデータの利用

11 通信プロトコルと暗号化

解答編　時間
p.40　10分

次の太郎さんと花子さんの会話文を読み，後の問い（**問1・2**）に答えよ。

太郎：今日の授業で出てきた TCP/IP って何か分かる？

花子：通信をするときの約束事の一つだよ。この約束事のことをプロトコルというよ。もしもこれがなかったら通信ができないんだ。この会話だって，プロトコルが成立していて，「日本語」で「声」を使った「会話」という互いの決め事があるよ。

太郎：確かにそうだね。言語が違えば会話にならないし，会話だから声を使っているね。

花子：そうでしょ。_ATCP/IP には四つの階層があるけど，これを「こんにちは」という文言を送信する場合で考えると図1のように示せるよ。

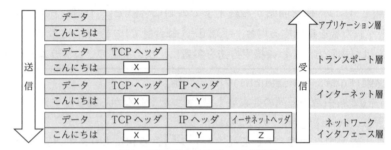

図1　TCP/IP によるデータの送受信

太郎：下の階層に行くにつれて，データが追加されていっているけど，これは何？

花子：ヘッダ情報といって，付加情報のことだよ。これは送信時に追加されて，逆に受信時はその情報が破棄されたりするよ。このヘッダ情報には役割があって，これがあることで正確な通信が実現しているんだ。

太郎：付せんを貼るようなイメージでいいのかな。

花子：そうだね。必要になったら貼って，不要になったら剝（は）がすところもイメージに合うね。

問1　下線部Aの階層構造のメリットとして最も適当なものを，次の⓪～③から一つ選べ。

　　　　　　　　　　　　　　　　　　　　　　　　　　　　　　　　　　　ア

⓪ システムなどの変更が該当する階層内のみで済み，新しい仕組みなどを導入しやすい。

① 階層化によりデータが分断されることで，途中の通信経路で盗聴されにくくなり，機密性が向上する。

② ヘッダ情報が付加されるため，それがブロックチェーンとなり改ざんを検知できる。

③ 下位層ほどヘッダ情報が多重化されるため，送出されたパケットは100％届く。

問2　各階層のヘッダ情報の役割について，次の(1)～(5)に示す記述のうち図1の空欄　X　・
　　　　Y　・　Z　に入る最も適当な組み合わせを，次の⓪～⑤から一つ選べ。　イ

(1) 送信元と宛先の MAC アドレスの情報を付加する。

(2) 利用者の PC から送信された URL をパケットに付加する。

(3) データの順番を付加し，確認応答番号を送信する。

(4) 電子メールの転送情報を付加する。

(5) 送信元と宛先の IP アドレス情報を付加する。

	X	Y	Z
⓪	(1)	(4)	(5)
①	(2)	(1)	(3)
②	(2)	(3)	(4)
③	(3)	(5)	(1)
④	(4)	(2)	(3)
⑤	(5)	(1)	(2)

さらに続く次の会話文を読み，後の問い（**問3・4**）に答えよ。

太郎：TCP/IP って世界中で統一されているんだよね？

花子：そうだね。だから，国境を超えて通信できるし，逆にいえば世界中から通信を見られる可能性もあるね。でも，インターネットでは通信の内容を分からないようにするため，暗号化を施すことができるよ。

太郎：互いにあらかじめ決めておいた何かに置き換えてやり取りすれば，無関係な人に見られたり，聞かれたりしても本当の意味は分からないね。

花子：その方式はB共通鍵暗号方式だね。例えば jikkyo という文字列の各文字を，アルファベット順に前へ3文字ずらすと，gfhhvl となるね。これを相手に伝えれば第三者には内容が分からないね。つまり，互いがアルファベット順で前へ3文字ずらすというルールで常にやり取りすれば，暗号化を施すことができるね。

太郎：つまり，qbpq って受け取ったら，test ということだね。

花子：そうだね。でもこの方法は，事前に暗号化の方式を共有している人としか使えないね。だから，事前に暗号化の方式を共有していない人とも通信するインターネットでは，公開鍵暗号方式もあるよ。Cこの方式は対になる二つの暗号鍵を用いる方式だよ。

問3　下線部Bに関する最も適当な記述を，次の⓪～③から一つ選べ。　ウ

　　⓪ 同じ鍵を長期間使用していると，解読される危険性が高まる。

　　① どれだけの暗号文が第三者に渡っても，暗号文を解かれることはない。

　　② 古い暗号化方式のため，暗号化および復号にかかる時間が長い。

　　③ 通信相手が増えた場合，それまで使っていた共通鍵は使えなくなる。

問4　下線部Cについて，以下の図のように通信する場合，空欄　I　・　II　に入る最も適当な鍵の組み合わせを，次の⓪～⑦から一つ選べ。　エ

太郎　暗号文 → 暗号文　花子
　　　　　 I　　　 II
　　　平文 → 平文

(1) 太郎の公開鍵
(2) 太郎の秘密鍵
(3) 花子の公開鍵
(4) 花子の秘密鍵
(5) 二人の共通鍵

⓪ I −(1)・II −(2)　　① I −(2)・II −(3)　　② I −(3)・II −(4)　　③ I −(4)・II −(3)

④ I −(5)・II −(5)　　⑤ I −(1)・II −(5)　　⑥ I −(3)・II −(2)　　⑦ I −(4)・II −(1)

12 散布図・相関行列

(令和3年度 サンプル問題『情報Ⅰ』 改)

解答編	時間
p.41	12分

　ラグビーワールドカップ2023(フランス)で，決勝トーナメントに進出したチームとそうでないチームの差がどこにあるのか，プレー内容を比較分析するため図1のような図を作成した(これを散布図・相関行列という)。図1の対角線より左下の部分は相関係数，右上の部分は散布図，左上から右下への対角線の部分はそれぞれの項目のヒストグラムである。

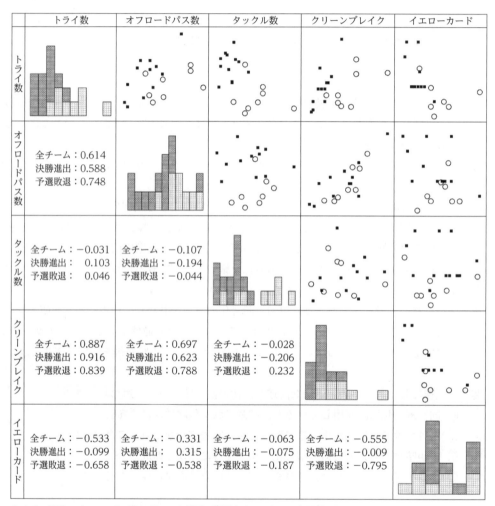

トライ：相手のゴールエリア内でボールを地面に設置させること。5点が得られる。
オフロードパス：タックルを受けた選手が倒れながら行うパス。
タックル：ボールを持った選手を止めよう(倒そう)とする防御側の行為。
クリーンブレイク：相手にほとんど妨害されずに防御ラインを突破すること。
イエローカード：危険なプレーや反則をした際に出される警告で，一時的に退場を命じられる。

図1：散布図・相関行列

問1 次の文章中の空欄 ア ～ カ に入る最も適当なものを，後の解答群から一つずつ選べ。

出場した20チームのうち，決勝トーナメントに進出したのは8チームである。この8チームは，図1の散布図では ア ，ヒストグラムでは イ で表されている。

また，決勝進出チームで相関が最も強いのは， ウ と エ の間の関係であり，決勝進出チームと予選敗退チームの間で，相関係数に最も差があるのは オ と カ の間の関係である。

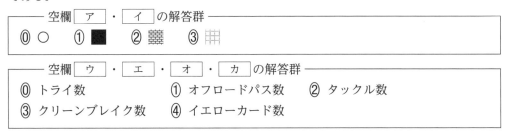

図2から，1試合当たりのトライ数はクリーンブレイク10回につき，決勝進出チームと予選敗退チームの間で約1. キ の差があることが分かる。実際の数字を当てはめると，予選で敗退した日本の1試合当たりのクリーンブレイク数6.0から予想されるトライ数は2. ク となる。また，1試合当たりのクリーンブレイク数が参加チーム内で最も高い12.57で決勝に進出したニュージーランドの予想されるトライ数は7. ケ となる。

問2 次の文章中の空欄 キ 〜 ケ に当てはまる数を答えよ。なお，計算結果は小数第2位を四捨五入し，小数第1位まで求めることとする。

クリーンブレイク数（横軸）とトライ数（縦軸）との関係をさらに詳しく見るため，1試合当たりのトライ数をクリーンブレイク数から予測する回帰直線を，決勝進出チームと予選敗退チームに分けて図2のように作成した。

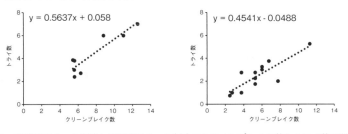

図2　決勝進出チーム（左）と予選敗退チーム（右）のクリーンブレイク数とトライ数の関係

問3 回帰式の解釈に関する記述について適当なものを，次の⓪〜②から二つ選べ。

コ ・ サ

⓪ 決勝進出チームのグラフの傾きが予選敗退チームのグラフの傾きより大きいことから，クリーンブレイク1回あたりから得られるトライ数は，予選敗退チームよりも決勝進出チームの方が多い。

① クリーンブレイク数からトライ数は計算できるが，トライ数からクリーンブレイク数は計算できない。

② y切片は，クリーンブレイクが0回である場合の理論上のトライ数を意味する。

13 時系列分析

解答編 p.42 ｜ 時間 10分

時系列データは，一般的に「傾向変動（T）」，「循環変動（C）」，「季節変動（S）」，「不規則変動（I）」の四つの変動から成ると考えられている。時系列モデルは，この四つを組み合わせて観測値を表現しようとするもので，代表的なモデルに乗法モデルと加法モデルがある。

$$乗法モデル：観測値＝T×C×S×I$$
$$加法モデル：観測値＝T＋C＋S＋I$$

問1 傾向変動，循環変動，季節変動，不規則変動のそれぞれに対応する説明として最も適当なものを，次の⓪〜③から一つずつ順に選べ。 ア ・ イ ・ ウ ・ エ

⓪ 一定でないが3〜15年くらいで周期的に繰り返される変化

① 長期にわたる持続的な変化

② 他の変動要因では説明できない観測誤差など諸要因による変化

③ 12か月間（1年）で繰り返される変化

問2 次の文章中の空欄 オ 〜 ケ に入る最も適当なものを，後の解答群から一つずつ選べ。

表1のデータは2010年以降四半期ベースのコンビニの売上額のデータである。

1Q，2QなどのQはQuarter（四半期（3か月））の頭文字で，1Qは1月から3月までの3か月間，2Qは4月から6月までの3か月間のことで，以降も同様である。

表1　コンビニの売上額

年	2010	2011	2012	2013	2014	2015	2016	2017	2018	2019
1Q	1,848	2,000	2,202	2,267	2,412	2,534	2,666	2,739	2,795	2,868
2Q	1,982	2,123	2,331	2,430	2,556	2,721	2,821	2,920	2,966	3,033
3Q	2,238	2,376	2,524	2,632	2,770	2,917	3,025	3,105	3,185	3,190
4Q	2,038	2,269	2,414	2,537	2,679	2,818	2,929	2,977	3,025	3,087

経済産業省 商業動態統計調査「コンビニの売上額」より（単位：10億円）

この時系列データは，乗法モデルで説明できると仮定して分析をする。なお，ここで述べるトレンドとは，傾向変動（T）と循環変動（C）の積のことである。

1．10年間の観測値の四半期（1Q〜4Q）ごとの平均値を求め，10年間の全期の平均で割った値を各四半期（1Q〜4Q）の季節変動（S）とする。

2．観測値を各期の季節変動（S）で割り，季節調整値（TCI）を求める。

3．季節調整値（TCI）に対して移動平均法を用いてトレンド（TC）を求める。

4．季節調整値（TCI）をトレンド（TC）で割って不規則変動（I）を抽出する。

表1のデータをそのままグラフ化すると オ になる。このグラフから，1年の周期性を持った季節変動が読み取れる。季節変動の要素を抜き出すため，まず，各四半期（1Q〜4Q）それぞれの10年間の平均を求め，それらを全データの平均で割った値を求める（表2）。この値は各期の全体に対する増減の比率であり，この10年間については，季節変動は毎年こ

の値が繰り返されると考える。この値をもとに，10年間の各期の季節変動をグラフ化すると カ になる。

表2　期別平均

	10年間の平均	季節変動（S） （全体平均2,624に対する割合）
1Q	2,433	0.927346
2Q	2,588	0.986498
3Q	2,796	1.065737
4Q	2,677	1.020419

さらに各データをその期の季節変動（S）で割ることで，季節変動の影響を除いた値が求められる。これを季節調整値（TCI）という。

表3　季節調整値

年	2010	2011	2012	2013	2014	2015	2016	2017	2018	2019
1Q	1,993	2,157	2,375	2,445	2,601	2,733	2,875	2,954	3,014	3,093
2Q	2,009	2,152	2,363	2,463	2,591	2,758	2,860	2,960	3,007	3,075
3Q	2,100	2,229	2,368	2,470	2,599	2,737	2,838	2,913	2,989	2,993
4Q	1,997	2,224	2,366	2,486	2,625	2,762	2,870	2,917	2,964	3,025

このグラフは キ になる。これにより季節変動の影響を除いた傾向が分かる。

季節調整値（TCI）に対して直近4期の移動平均法を用いてトレンド（TC）を求め，変化を平滑化したグラフが ク になる。さらに季節調整値（TCI）をトレンド（TC）で割った不規則変動（I）のグラフは ケ である。

― 空欄 オ ～ ケ の解答群 ―

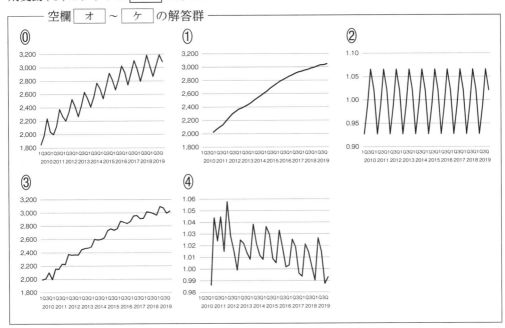

問3　次の⓪～②の記述について適当でないものを，一つ選べ。 コ

　⓪ キ のグラフから，売上額が若干の揺れを見せながらも期に依らない一定の上昇傾向が読み取れる。

　① ケ のグラフの変動はとても大きく，この値が全体に与える影響は無視できない。

　② オ と キ のグラフの傾向はほぼ一致しているので，突発的な不規則変動による影響は少ない。

14 箱ひげ図

解答編 p.43 時間 12分

次の文章を読み，後の問い（**問1〜5**）に答えよ。

ある商品の1か月間の出荷数のデータを日ごとに集計したところ，表1が得られた。なお，土日は休業日で出荷はない。また，　ア　は祝日で休業日となり出荷がないため空欄となっており，　イ　は何らかの理由でデータが採取できなかったため空欄となっている。　ア　・　イ　を除くこの1か月の総出荷数は1,151であった。

表1：ある商品の1か月間の出荷数のデータ

日	月	火	水	木	金	土
			61	32	46	
	44	45	50	52	75	
	98	52	35	56	ア	
	58	58	65	68	29	
	イ	78	46	48	55	

問1 空欄　ア　・　イ　の扱いとして最も適当なものを，次の⓪〜⑤から一つずつ選べ。なお，計算結果はすべて小数第一位を四捨五入して整数値としている。

⓪ 空白のまま

① 0で補完

② 総出荷数1,151を24で割った45で補完

③ 総出荷数1,151を23で割った50で補完

④ 総出荷数1,151を22で割った52で補完

⑤ 総出荷数1,151を21で割った55で補完

問2 次の文章を読み，空欄　ウ　〜　コ　に当てはまる数をそれぞれ答えよ。

このデータについて，最小値は　ウ　エ　，第1四分位数は　オ　カ　，第2四分位数は53.5，第3四分位数は　キ　ク　，最大値は　ケ　コ　である。

問3 【第1四分位数−1.5×四分位範囲】より小さい，または【第3四分位数＋1.5×四分位範囲】より大きいデータを外れ値とするとき，全部で何個のデータが外れ値となるか，当てはまる数を答えよ。　サ

問4　問3で考えた外れ値を除いてできる箱ひげ図として最も適当なものを，次の⓪～③から一つ選べ。[シ]

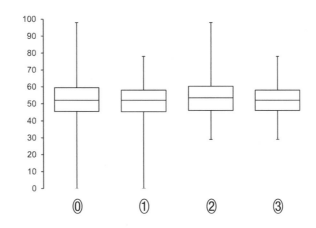

問5　ヒストグラムに似たものに幹葉表示がある。例えば「27, 30, 33, 33, 37, 41, 45」というデータがあった場合，次のようになる。

幹	葉
2	7
3	0　3　3　7
4	1　5

　補完値を含み，外れ値を除いた表1の出荷数のデータで作った下の幹葉表示において，幹が5である葉の欄に入る0から9までの数字の個数として，空欄[ス]～[ニ]に当てはまる数を答えよ。

幹	葉
2	
3	
4	
5	
⋮	
8	
9	

0	1	2	3	4	5	6	7	8	9
ス	セ	ソ	タ	チ	ツ	テ	ト	ナ	ニ

15 データベース

次の文章を読み、後の問い(**問1〜4**)に答えよ。

　図書館で、蔵書や貸出の管理のためのシステムを作ろうとしている。次に示すのは、そのシステムで使うテーブル(表)の一部である。

テーブル名：蔵書テーブル

蔵書ID	書名	配架場所	状況
0000001	羅生門	2A03	
0000002	こころ	4B05	貸出中
0000003	こころ	4B05	
0000004	舞姫	廃棄	
0000005	吾輩は猫である	5C15	

テーブル名：利用者テーブル

利用者ID	利用者名	属性
00001	佐藤　大翔	職員
00002	鈴木　颯太	生徒
00003	高橋　結衣	生徒
00004	田中　悠斗	卒業生
00005	伊藤　美緒	旧職員
00006	渡辺　莉子	生徒

問1　上のテーブル設計では、蔵書ごとに「蔵書ID」、利用者ごとに「利用者ID」を割り当てて使用している。このような設計を行う理由として最も適当なものを、次の⓪〜④から二つ選べ。　ア ・ イ

⓪ 図書館内に同じ書籍が複数冊あったり、同姓同名の利用者がいた場合にも、異なる蔵書や異なる利用者として区別する必要があるため。

① コンピュータでは文字同士の比較が行えないため。

② 書名や利用者名が修正・変更された場合にも、同一のものであることが識別できるようにするため。

③ データベース管理システムでは整数値しか主キーにできないため。

④ 現在、何冊の蔵書があり、何人の利用者がいるかを数えるのが容易になるから。

問2　「蔵書テーブル」に廃棄された書籍のデータがあったり，「利用者テーブル」に卒業生
や旧職員といった利用できない ID が残っていたりしている。これらのレコードが削除
されずに残っている理由として最も適当なものを，次の⓪～③から一つ選べ。 ウ

⓪　データベースでは，一度登録されたデータは何があっても削除できないから。

①　このテーブルをもとにして作られる他のテーブルとの整合性を保つため。

②　操作が複雑で面倒であるから。

③　ID に欠番が生じることを避けるため。

問3　書籍の貸出・返却を記録する新しいテーブルのテーブル名を「貸出返却テーブル」と
するとき，「貸出返却テーブル」に最低限含めるべき項目名を，次の⓪～⑨から四つ選べ。

エ ・ オ ・ カ ・ キ

⓪ 蔵書 ID	① 書名	② 配架場所	③ 状況
④ 利用者 ID	⑤ 利用者名	⑥ 属性	⑦ 貸出日時
⑧ 返却日時	⑨ 貸出担当者名		

問4　問3でできた「貸出返却テーブル」を用いて，貸出中の書籍の書名のリストを作りた
い。「貸出返却テーブル」に対し，どのような操作をすればよいか。次の空欄 ク ～
ソ に入る最も適当なテーブル名または項目名を，後の解答群から一つずつ選べ。

第1段階　 ク テーブルと ケ テーブルを使って， コ を結合キーとして サ す
る。

第2段階　第1段階でできたテーブルに対し，フィールド シ が空欄であるレコードを
ス する。

第3段階　第2段階で貸出中の書名が抽出されたが，不必要なカラムが残っているので，
カラム セ を指定して ソ する。

─── 空欄 ク ・ ケ ・ コ ・ サ ・ シ ・ ス ・ セ ・ ソ の解答群 ───

⓪ 蔵書	① 蔵書 ID	② 書名	③ 貸出返却	④ 利用者
⑤ 貸出日時	⑥ 返却日時	⑦ 選択	⑧ 射影	⑨ 結合

こ　た　え

1ˢᵗ Step

1 ①

2 (1) ②
(2) ⓪
(3) ①

3 (1) ①
(2) ②
(3) ⓪

4 ⓪, ②

5 ①

6 ②

7 ②, ⓪, ①

8 ①, ③

9 ②

10 ①

11 (1) ⓪ (2) ① (3) ⓪ (4) ①

12 ｱ：④　ｲ：①
ｳ：⓪　ｴ：②

13 ②

14 (1) ① (2) ⑤ (3) ④

15 ⓪

16 ②

17 ｱ：①　ｲ：⓪

18 ｱ：65536　ｲ：8　ｳ：9

19 (1) $13_{(10)}$　(2) $127_{(10)}$
(3) $100010_{(2)}$　(4) $1001001_{(2)}$
(5) $1100_{(2)}$　(6) $1010_{(2)}$

20 ｱ：$11011_{(2)}$　ｲ：$10100_{(2)}$

21 ｱ：①　ｲ：③

22 (1) $01000010_{(2)}$　(2) $23_{(16)}$

23 ｱ：8

24 ｱ：⓪　ｲ：⑤　ｳ：⑥

25 75 %

26 ｱ：1

27 ⓪, ③

28 6

29 ⓪

30 ③

31 ③

32 ②

33 ②, ①, ③, ⓪

34 ③

35 ⓪

36 ①

37 ⓪

38 ②

39 ①

40 ③

41 6回

42 ①

43 ⓪

44 ①

45 ⓪

46 ①

47 ｱ：①　ｲ：②　ｳ：⑤

48 ②

49 ②

50 (1) ② (2) ③ (3) ①

51 ②

52 ③

53 ③

54 ①

55 (1) ① (2) ⓪ (3) ②

56 ②

57

	最頻値	中央値	平均	偏差	比
名義尺度	⓪	①	①	①	①
順序尺度	⓪	⓪	①	①	①
間隔尺度	⓪	⓪	⓪	⓪	①
比例尺度	⓪	⓪	⓪	⓪	⓪

58 ①, ②

59 ①, ②, ③

60 58.3

61 ｱ：②　ｲ：⓪　ｳ：④
ｴ：③　ｵ：①

62 ⓪

63 ⓪, ②

64 ⓪, ②

65 ⓪, ①

66 ②, ③, ⑤

67 ①, ②

2nd Step

1

ア	イ
5	3

2

ア	イ	ウ	エ	オ	カ	キ
1	0	2	2	1	1	3

（イ・ウ，カ・キはそれぞれ順不同）

3

ア	イ	ウ
2	3	1

4

ア	イ	ウ	エ	オ	カ
1	2	2	0	1	1

（ア・イは順不同）

5

ア	イ	ウ	エ	オ
0	1	0	3	3

（ア・イ，ウ・エはそれぞれ順不同）

6

ア	イ	ウ	エ	オ	カ	キ	ク	ケ	コ
3	5	4	5	2	6	3	1	7	2

7

ア	イ	ウ	エ	オ	カ	キ	ク
5	4	6	2	9	6	9	1

8

ア	イ	ウ	エ	オ	カ	キ	ク	ケ	コ	サ	シ
9	3	9	0	3	5	3	2	4	4	6	0

9

ア	イ
3	2

10

ア	イ	ウ	エ
3	3	2	2

11

ア	イ	ウ	エ	オ	カ
1	3	8	4	6	1

12

ア	イ	ウ	エ	オ
5	9	4	2	0

13

ア	イ
2	2

14

ア	イ	ウ
2	1	6

15

ア	イ	ウ	エ	オ
2	4	4	0	6

16

ア	イ
1	3

17

ア	イ	ウ
1	1	5

18

ア	イ
2	0

19

ア	イ	ウ	エ	オ	カ	キ	ク	ケ	コ	サ	シ	ス	セ
2	7	5	3	2	5	3	0	4	2	1	1	6	0

20

ア	イ	ウ	エ	オ	カ
1	4	5	4	5	4

21

ア	イ	ウ	エ	オ	カ	キ	ク
4	5	4	4	1	4	6	8

（オ・カ・キ・クは順不同）

22

ア	イ	ウ	エ	オ	カ	キ	ク	ケ	コ
1	2	0	7	3	2	3	1	2	1

（カ・キ，ク・ケはそれぞれ順不同）

23

ア	イ	ウ	エ	オ	カ	キ	ク
1	0	2	0	2	5	3	4

24

ア	イ	ウ	エ	オ	カ	キ	ク	ケ	コ	サ	シ	ス
7	8	4	4	2	1	4	5	4	0	3	2	7

F*inal* Step

1

ア	イ	ウ	エ	オ	カ	キ	ク	ケ
0	1	4	3	8	0	2	4	0

(ア・イ・ウ, カ・キはそれぞれ順不同)

2

ア	イ	ウ	エ	オ	カ
1	0	3	4	2	2

(イ・ウ・エは順不同)

3

ア	イ	ウ	エ	オ	カ	キ	ク	ケ	コ	サ
3	8	2	0	3	4	3	2	1	4	0

(エ・オは順不同)

4

ア	イ	ウ	エ	オ	カ	キ	ク	ケ	コ	サ	シ	ス
2	0	3	1	2	4	7	3	1	4	1	6	1

5

ア	イ	ウ	エ	オ	カ	キ	ク	ケ	コ	サ	シ	ス	セ
3	1	2	0	0	2	1	0	1	3	1	1	5	3

(ク・ケ・コは順不同)

6

ア	イ	ウ	エ	オ
1	3	3	0	3

7

ア	イ	ウ
0	3	1

8

ア	イ	ウ	エ	オ	カ	キ	ク	ケ	コ
5	3	1	5	2	1	1	1	2	4

9

ア	イ	ウ	エ	オ	カ	キ	ク
6	1	5	1	1	7	1	5

10

ア	イ	ウ	エ	オ	カ	キ	ク	ケ	コ	サ	シ	ス	セ	ソ
2	5	0	7	0	1	0	6	5	4	5	4	7	2	4

11

ア	イ	ウ	エ
0	3	0	2

12

ア	イ	ウ	エ	オ	カ	キ	ク	ケ	コ	サ
0	3	0	3	1	4	2	7	1	0	2

(ウ・エ, オ・カ, コ・サはそれぞれ順不同)

13

ア	イ	ウ	エ	オ	カ	キ	ク	ケ	コ
1	0	3	2	0	2	3	1	4	1

14

ア	イ	ウ	エ	オ	カ	キ	ク	ケ	コ	サ	シ	ス	セ	ソ	タ	チ	ツ	テ	ト	ナ	ニ
0	5	2	9	4	6	6	1	9	8	1	3	1	0	2	0	0	2	1	0	2	0

15

ア	イ	ウ	エ	オ	カ	キ	ク	ケ	コ	サ	シ	ス	セ	ソ
0	2	1	0	4	7	8	0	3	1	9	6	7	2	8

(ア・イ, エ・オ・カ・キ, ク・ケはそれぞれ順不同)

1ˢᵗ Step ファーストステップ

1章　情報社会の問題解決

1 解答　①

解説　インターネット上に公開されたデータや情報は，誰もが自由に保存したり，コピーをしたりすることができる状態となる。そして，それらは，情報の発信者が知らないところでも，急速に流布・拡散されていることが考えられる。たとえ，発信者がデータを消去したとしても，誰かが保存している場合が考えられるため，完全に消去したと断定することはできない。

　情報の特性のうち，選択肢⓪は残存性に関する記述，選択肢②は伝播性に関する記述，選択肢③は複製性に関する記述である。

2 解答　(1) ②　(2) ⓪　(3) ①

解説　新聞や雑誌，ラジオ・テレビ放送のように，新聞社，出版社，放送局など，特定の発信者から不特定多数の受信者へ向けての情報伝達に関わる情報メディアを「マスメディア」という。マスメディアは，おもに発信者から受信者への一方向の情報伝達を行う。

　マスメディアの中でもテレビは速報性が高いが，雑誌はいち早く伝えることが困難である。SNSのようなインターネット上で発信されている情報は全てが真実とは限らない。

3 解答　(1) ①　(2) ②　(3) ⓪

解説

(1)：コンセプトマップを用いることで，文化祭などイベントの構造（全体像）を視覚的に確認できる。

(2)：ロジックツリーを用いることで，学校生活や探究活動などで問題を解決したい場合に，課題を明確にすることができる。

(3)：KJ法を用いることで，今までにないアイデアを出したり，現状の課題を抽出したりすることができる。

4 解答　⓪，②

解説　個人情報保護法は，正式名称を「個人情報の保護に関する法律」という。個人情報を取り扱う事業者が，利用目的以外で個人情報を取り扱うことや，本人の同意なしに，必要な範囲を超えて個人情報を第三者に提供することを禁じるものである。

①：「個人情報を取得後」に利用目的を明示している点が誤った表現である。

②：個人データを本人以外の第三者に提供するときは，原則として，あらかじめ本人の同意を得る必要がある。

5 解答　①

解説

⓪：写っている人物の許諾がないので，肖像権違反ではあるが，経済的価値とは関係ないので，パブリシティ権違反ではない。

②：「誰の顔か分からない」ので，肖像権違反にもパブリシティ権違反にもならない。

6 解答　②

解説　知的財産権には大きく分けて，産業の発展に寄与する産業財産権などと，文化の発展に寄与する著作権などで構成されている。産業財産権は，特許庁に届け出て認められるとその権利が発生する方式で「方式主義」という。一方，著作権は届け出て登録する必要がなく，創作した時点で権利が発生する方式で「無方式主義」という。

7 解答　②，⓪，①

解説　感染の兆候として，コンピュータの動作が遅くなったり，見知らぬファイルが作成されたりすることがある。ソフトウェアのセキュリティに関する更新データが公開されたら，すぐに適用するなど，常にウイルスに対して警戒すべきである。また，被害は自分だけにとどまらず，ネットワークを通じて広範囲におよぶ可能性があるため，自分は被害者であると同時に，加害者となってしまう恐れがあることを十分意

識する必要がある。

8 解答 ①，③

解説
①：生体認証の認証精度は，年々上がってきているが，誤認識を起こす場合がある。また，本人であるにもかかわらず認証がされない場合もある。具体的には，指紋認証や静脈認証などの生体認証は，測定機器への接触の仕方や光の加減，読み取り側のカメラ・センサの傷や汚れなどによってエラーが発生し，うまく認証されないことがある。なお，顔認証システムで子供の顔を登録する場合，成長に応じて顔つきも変化するため，再登録を行う必要が生じる場合もある。
③：生体認証機能は，スマートフォンなどにも内蔵されており，指紋センサに指をあてたり，内蔵カメラに顔を向けたりするだけで，画面ロックの解除や認証を行うことができるものもある。

9 解答 ②

解説 文字を決まった数だけずらすことで簡単な暗号化ができる。この暗号方式をシーザー暗号（シーザー・ローテーション）という。

問題文より，「HAPPY」という文字を暗号化すると「MFUUD」という文字になることから，下図のようにH→M，A→Fと5文字ずつずらして表されていることが分かる。

5ずらす	F	G	H	I	J	K	L	M	N	O	P	Q	R	S	T	U	V	W	X	Y	Z	A	B	C	D	E
4ずらす	E	F	G	H	I	J	K	L	M	N	O	P	Q	R	S	T	U	V	W	X	Y	Z	A	B	C	D
3ずらす	D	E	F	G	H	I	J	K	L	M	N	O	P	Q	R	S	T	U	V	W	X	Y	Z	A	B	C
2ずらす	C	D	E	F	G	H	I	J	K	L	M	N	O	P	Q	R	S	T	U	V	W	X	Y	Z	A	B
1ずらす	B	C	D	E	F	G	H	I	J	K	L	M	N	O	P	Q	R	S	T	U	V	W	X	Y	Z	A
平文文字	A	B	C	D	E	F	G	H	I	J	K	L	M	N	O	P	Q	R	S	T	U	V	W	X	Y	Z

同様に，「INFORMATICS」という文字を5文字ずらすとどのような文字になるか，考えればよい。

5ずらす	F	G	H	I	J	K	L	M	N	O	P	Q	R	S	T
4ずらす	E	F	G	H	I	J	K	L	M	N	O	P	Q	R	S
3ずらす	D	E	F	G	H	I	J	K	L	M	N	O	P	Q	R
2ずらす	C	D	E	F	G	H	I	J	K	L	M	N	O	P	Q
1ずらす	B	C	D	E	F	G	H	I	J	K	L	M	N	O	P
平文文字	A	B	C	D	E	F	G	H	I	J	K	L	M	N	O

I→N，N→S，F→K…と続くことが分かり，選択肢②が適当となる。

10 解答 ①

解説 不正アクセス行為の禁止等に関する法律（不正アクセス禁止法）は，不正アクセス行為や，不正アクセス行為につながる識別符号（ID・パスワード，生体認証情報など）の入力を不正に要求する行為，不正取得・保管行為，不正アクセス行為を助長する行為などを禁止する法律である。不正アクセス行為は，「電気通信回線を通じて」行われるもの（コンピュータ・ネットワークを通じて行われるもの）に限定されているため，スタンドアロンのコンピュータ（ネットワークに接続されていないコンピュータ）を無断で使用する行為は，不正アクセス行為に該当しないこととなっている。

2章 コミュニケーションと情報デザイン

11 解答 (1) ⓪ (2) ① (3) ⓪ (4) ①
解説 相手からすぐ反応がある「同期型コミュニケーション」と，相手からすぐには反応がない「非同期型コミュニケーション」に分類することができる。

12 解答 ア：④ イ：① ウ：⓪ エ：②
解説 受信した情報を，別の情報と比較して確認することを，クロスチェックという。なお，受信した情報が正しい情報か確かめることを，ファクトチェックという。

13 解答 ②
解説
⓪：情報の抽象化では，重要な情報部分のみを抜き出す。
①：ピクトグラムは余分な情報を省略し，重要な部分が強調された表現となることが多い。

14 解答 (1) ① (2) ⑤ (3) ④
解説
(1)：時系列による値の変化は，折れ線グラフを用いると分かりやすく表現できる。
(2)：二つの変数の関係性を見たいときには，散布図を用いると分かりやすい。
(3)：複数の要素それぞれのバランスを比較するときは，レーダーチャートを用いるとよい。

15 解答 ⓪
解説 情報の構造化とは，様々な情報を分類・整理して全体像を把握し，要素同士の関係性を結び付けることである。整理した情報を分かりやすく表現するには，どのように情報を表示させるかといった，レイアウトの工夫も重要である。
①は「可視化」，②は「抽象化」についての記述である。

16 解答 ②
解説
⓪：和文文字フォントにおけるゴシック体は，安定感を与えるフォントである。またポップ体は，柔らかでカジュアルな印象を与え

るフォントである。
①：色相環で向かい合った色は補色といい，互いの色を最も目立たせる色の組み合わせである。

17 解答 ア：① イ：⓪
解説 例えば風の強さは，連続的に変化するアナログな情報である。この強さを「風速 2.3 m/s」のように，ある一定の間隔で区切った数値で表した場合は，デジタルな情報となる。

18 解答 ア：65536 イ：8 ウ：9
解説
(1)：2バイト＝2×8ビット＝16ビットの情報量である。表すことのできるパターン数は，2^{16}＝65536通りとなる。
(2)：8ビットで1バイトであるから，64ビット＝8×8ビット＝8バイトである。
(3)：1ビットの情報量があれば，2^1＝2通りの情報を表現することができる。2ビットであれば2^2＝4通りであり，$2^x \geq 300$となる最小の自然数xを求めればよい。よって，$x=9$のとき，2^9＝512となるため，少なくとも9ビットの情報量が必要となる。8ビットでは，2^8＝256通りとなるため，情報量が足りない。

19 解答 (1) $13_{(10)}$ (2) $127_{(10)}$ (3) $100010_{(2)}$ (4) $1001001_{(2)}$ (5) $1100_{(2)}$ (6) $1010_{(2)}$
解説
(1)〜(4)：例題19解法のアシストを参考に変換を行う。
(5)，(6)：2進数の足し算では，$1_{(2)}+1_{(2)}=10_{(2)}$となる。使える数は0と1の2種類しかないため，繰り上がりがすぐに発生する。

20 解答 ア：$11011_{(2)}$ イ：$10100_{(2)}$
解説 補数を使うことにより，2進数の引き算はすべて足し算で行うことができる。

21 解答 ア：① イ：③
解説 オーバーフローやアンダーフローが発生すると，あらかじめ決めて用意しておいたビ

ット数を超える位置に値が入ってしまうため，数値の取り扱いを正確に行うことができなくなる。

22 **解答** (1) 01000010(2) (2) 23(16)

解説 表1から対応する2進数表記の文字コードを特定する場合，1行目が上位4桁，1列目が下位4桁を表していることに注目する。「B」であれば，0100(2) と 0010(2) がそれぞれ上位の桁と下位の桁に対応し，01000010(2) となる。

同様に，表1から対応する16進数表記の文字コードを特定する場合，2行目と2列目がそれぞれ上位と下位の桁を表していることに注目する。「#」であれば，2(16) と 3(16) がそれぞれ上位と下位の桁に対応し，23(16) となる。

23 **解答** $\boxed{ア}$：8

解説 量子化ビット数を1ビット増やすごとに，量子化の段階は2倍ずつ大きくなる。3ビット増やすと量子化の段階は $2^3 = 8$ 倍増える。

24 **解答** $\boxed{ア}$：⓪ $\boxed{イ}$：⑤ $\boxed{ウ}$：⑥

解説 光の三原色はR：赤，G：緑，B：青の三色であり，すべての色を混ぜ合わせると白い光へと近づいていく。これを加法混色という。解像度は1インチ当たりの画素数で表し，dpi (dots per inch)や，ppi(pixels per inch)の単位で表す。

25 **解答** 75 %

解説 8192ビットのデータが6144ビットになったということは，6144÷8192＝0.75 より，75 %の圧縮率である。これは，もとのデータ量8192ビットを100 %として，75 %になったということである。

3章 コンピュータとプログラミング

26 **解答** ⑦：1

解説 入力側から出力側に向かって回路をたどると出力Xは1となる。

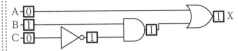

27 **解答** ⓪，③

解説 CPU(Central Processing Unit)は，日本語では「中央演算処理装置」と訳され，コンピュータ内の他の装置・回路の制御やデータの演算などを行う。

28 **解答** 6

解説 プログラムカウンタが1のとき，主記憶装置の1番地の命令(READ A, (10))により，ALU(演算装置)のAに主記憶装置の10番地のデータ(4)が読み込まれる。

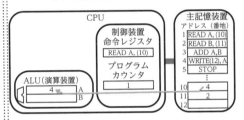

次に，プログラムカウンタが2になり，主記憶装置の2番地の命令(READ B, (11))によりALUのBに主記憶装置の11番地のデータ(2)が読み込まれる。

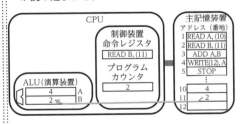

次に，プログラムカウンタが3になり，主記憶装置の3番地の命令(ADD A, B)が読み込まれ，ALUのAとBの値が加算されてAに書き込まれる(この時点でALUのAは6になる)。

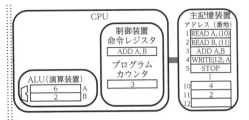

次に，プログラムカウンタが4になり，主記憶装置の4番地の命令(WRITE (12), A)により，主記憶装置の12番地にALUのAの値(6)が書き込まれる。

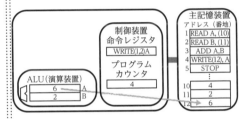

最後に，プログラムカウンタが5になり，主記憶装置の5番地の命令(STOP)が読み込まれ命令の実行が終了する。

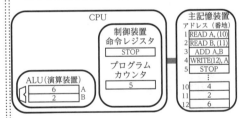

29 **解答** ⓪

解説 応用ソフトウェアは，特定の作業を行うためのソフトウェアで，アプリケーションソフトウェアともいう。

30 **解答** ③

解説 ①と②はコア数／スレッド数が同じであるため，クロック周波数の大きさを比べて処理能力は①＞②となる。⓪と③はクロック周波数が同じであるため，コア数／スレッド数の大きさを比べて処理能力は③＞⓪となる。⓪と①はコア数／スレッド数とクロック周波数ともに⓪が上回っているため，⓪＞①となる。以上よ

り，理論上の処理能力は③＞⓪＞①＞②の順となる。

31 解答 ③

解説

桁あふれ	計算結果が扱える桁の範囲を超えてしまったときに生じる。
桁落ち	値がほぼ等しい数値の差を求めたときに有効数字が大きく減ることで生じる。
情報落ち	絶対値の大きな数と小さな数で加減算を行ったとき，小さな数の桁情報が無視されてしまい，計算結果に反映されないために生じる。
丸め誤差	限られた桁数で数値を表現するために数値を丸めた際に生じる。
打ち切り誤差	計算を途中で打ち切ってしまうことで生じる。

32 解答 ②

解説 変動する要素がなく，結果が一つに定まるモデルのことを確定的モデル，変動する要素があり，結果が一つに定まらないモデルのことを確率的モデルという。確率的モデルには乱数が用いられることが多く，ここでは②が当てはまる。

33 解答 ②，①，③，⓪

解説 モデル化の手順は，モデル化の目的の明確化→モデルの構造の決定→モデルの作成→モデルの改善という流れである。

34 解答 ③

解説 複利とは，元金によって生じた利子を次期の元金に組み入れる方式である。例えば，10,000円を元金として預けた場合，金利20％であれば1年後の利子は2,000円で，元金の10,000円と利子の2,000円を足した12,000円が2年目の元金となる。

35 解答 ⓪

解説 アクティビティ図は複数の処理があるシステムなどを俯瞰(ふかん)して表現しやすい。
商品の製造工程は部品を作る工程など，複数の処理が並行して行われることがある。

36 解答 ①

解説 消灯状態-[ON]→電球色-[NEXT]→昼白色-[OFF]→消灯状態-[ON]→電球色-[NEXT]→昼白色-[NEXT]→昼光色-[NEXT]→電球色と遷移する。

37 解答 ⓪

解説 変数xには30が代入されている。30は3で割り切れ，5でも割り切れる。よって，条件「x % 3 == 0 and x % 5 == 0」を満たすので「FizzBuzz」と表示される。

38 解答 ②

解説 プログラムは順次で，上から順に実行される。(1)行目で変数aには5が代入されるが，(2)行目でaには2が上書きされる。そのため，(3)行目では「2」が出力される。(4)行目では(2)行目でaに代入されている2に3を足した結果がaに上書きされるのでここでaの値は5となる。(5)行目では文字列"a"が出力されているので注意する。

39 解答 ①

解説 配列の要素を指定する添字は0から始まっている。そのため，例えば表示する(Name[0])とすると「佐藤」と表示される。今回は，変数iによって配列の添字を指定しているが，1から5まで2ずつ増やしながら代入されているので，iには1，3，5と代入される。そのため，配列Nameの1番，3番，5番の要素である"鈴木"，"田中"，"渡辺"の順に出力される。

40 解答 ③

解説 線形探索アルゴリズムは配列の先頭から順に目的のデータを探し，見つかればそこで終了するアルゴリズムである。(3)，(4)行目では，1つ目の条件「i < kazu」かつ2つ目の条件「Data[i] ア atai」の間，i = i+1を繰り返すように指定されている。(5)行目で「もし i < kazuならば:」という条件が設けられており，(6)行目で「表示する(i+1, "番目に発見しました。")」とあることから，配列の先頭(0番地)から探していき，添字が配列の要素数に到達するまでに見つかれば発見したと表示し，そうでなければ「見つかりませんでした。」と表示するプログラムである。よって，ア には「!=」(等しくない)が当てはまり，iがkazu未満であり，かつData[i]がatai

ではない間，iを1ずつ増やしていく繰り返し
処理となる。

41 〖解答〗 6回

〖解説〗 変数 i，j や配列 Data の中身がどの
ように変化するか，プログラムに沿って並び替
えると次のようになる。

i	j	Data					備考
		[0]	[1]	[2]	[3]	[4]	
		4	2	5	1	3	
4	0	2	4	5	1	3	入替1回目
4	1	2	4	5	1	3	
4	2	2	4	1	5	3	入替2回目
4	3	2	4	1	3	5	入替3回目
3	0	2	4	1	3	5	
3	1	2	1	4	3	5	入替4回目
3	2	2	1	3	4	5	入替5回目
2	0	1	2	3	4	5	入替6回目
2	1	1	2	3	4	5	
1	0	1	2	3	4	5	

上の表より，プログラム終了時点で，合計6
回の入れ替え処理が実行されたことが分かる。

4章　情報通信ネットワークとデータの利用

42 解答 ①

解説　ネットワークの範囲によって LAN, WAN, インターネットに分けられる。

LAN は家庭内や企業内などの限られた範囲のネットワークで、比較的小さなネットワークである。WAN は LAN と LAN を結んだネットワークである。インターネットは LAN や WAN が世界規模で相互接続されたネットワークである。

したがって、概念図の一番小さな範囲を表す(1)が LAN となり、(2)の範囲が WAN、一番大きな範囲を表す(3)がインターネットとなる。(3)の範囲内に(2)の範囲外の(1)の範囲があるのは、WAN を構築せずにインターネットに接続しているネットワークもあるためである。

43 解答 ⓪

解説　プロトコルは通信の約束事である。よって、同じプロトコルに従った機器同士はメーカーや国を問わず使うことができる。

①：国によってプロトコルが異なってしまうと、インターネットのような国境を越えた通信ができなくなる。

②：スイッチングハブ(ハブ)はネットワークインタフェース層のプロトコルであり、パケットの通信経路を指定する機器のルータはネットワーク層のプロトコルである。いずれもアプリケーション層のプロトコルではない。アプリケーション層に属するプロトコルには、メールの送受信で用いられる SMTP や POP、Web 閲覧の HTTPS などがある。

③：TCP/IP 以外にもたくさんの通信プロトコルが国際規格になっている。

44 解答 ①

解説　TCP/IP ではデータをパケットという単位で送受信している。ルータはパケットを異なるネットワークへ中継する機器で、パケットの IP アドレスを確認し、最適な経路へパケットを転送する。

⓪はハブ(集線装置)の説明。②は無線 LAN アクセスポイントの説明。③は VPN の説明。

45 解答 ⓪

解説　インターネットに直接接続している機器には、グローバル IP アドレスが付与される。図中⓪のルータが LAN と WAN の境界となっており、インターネットに直接つながっているものは⓪のみである。

①のハブは一般に IP アドレスを持たない。②〜④の PC はルータを介して接続されており、LAN 内でプライベート IP アドレスが付与されている。

46 解答 ①

解説　DNS(ドメインネームシステム)は IP アドレスとドメイン名の対応(名前解決)を行う。

⓪は FTP の説明。②は DHCP の説明。③は SMTP の説明。

47 解答 ア：①　イ：②　ウ：⑤

解説　インターネットでは一つの回線を共有して利用効率を上げるために、データをパケットという単位に分割して通信を行うことが多い。その際、一つ一つのパケットにはヘッダと呼ばれる情報が付く。

48 解答 ②

解説　公衆無線 LAN に接続すると、そのアクセスポイントが設置された施設などの LAN に接続したことになる。アクセスポイントに接続された機器同士での通信が許可されている場合には、LAN 内の第三者から端末に侵入される可能性もある。

⓪：アクセスポイントの暗号化は、端末とアクセスポイントの間でされるものである。HTTPS は Web サイトを閲覧する際に、ブラウザと Web サーバの間の通信を暗号化して通信するものであり、アクセスポイントの暗号化とは別物である。

①：アクセスポイントの暗号化と偽物のアクセスポイントは無関係であり、正規のものと同じパスワードが設定されていることもある。

③：悪意を持った第三者の設置した偽物のアクセスポイントに、意図せず接続してしまう可能性があり、セキュリティ上、望ましく

ない。

49 解答 ②

解説 クライアントサーバシステムは，上位のサーバと下位のクライアントに分けて運用する分散処理システムの一つである。⓪～②の中で，サーバのような大型コンピュータを含むものは⓪と②である。⓪はホストコンピュータ1台の構成であり，処理はすべてホストコンピュータで行われているため，集中処理システムの例である。一方，②はサーバが複数台存在している。クライアントサーバシステムは分散処理システムであるため，サーバも役割により複数台になる。そのため，②がクライアントサーバシステムであると読み取れる。①はコンピュータが対等な関係でデータを交信するシステムで，このようなシステムをピアツーピアという。

50 解答 (1) ② (2) ③ (3) ①

解説 クライアントサーバシステムでは，役割ごとにサービスの提供を行うサーバが分かれている。⓪の POP サーバは，メールの受信を行う。

51 解答 ②

解説 電子メールを送信するプロトコルは SMTP，受信するプロトコルは POP である。メールサーバからメールサーバへの転送は送信の繰り返しであり，このとき用いるプロトコルは SMTP となる。

52 解答 ③

解説 EC モールでは，モールの運営者が出店しているだけでなく，別の企業がその上で出店や出品をしている。そのため，法令に基づく表示などから，運営者や取引条件をよく確かめて取引することが望ましい。
⓪は C to C の説明。①について，そのような制限はない。②について，特定商取引法の定めるクーリングオフについて，EC は適用対象外である。

53 解答 ③

解説 電子マネーには，ネットワーク型と IC カード型がある。ネットワーク型では，非接触 IC カードを用いない。

⓪：RAID は複数のストレージを，仮想的に1台のストレージとして扱う技術のことである。冗長性を高め，可用性を確保する手段の一つである。非接触型の IC は RFID の技術を用いている。
①：再発行が可能であったとしても，停止手続きまでに使われてしまう可能性がある。
②：交通系 IC カードは，世界共通ではない。

54 解答 ①

解説 クラウドサービスにはオンラインストレージ，授業での資料配布や課題の回収などの授業支援，電子メールやスケジュールの管理など，様々なサービスがある。
⓪：クラウドコンピューティングは，LAN 内に限定してサーバを設置するわけではない。
②：セキュリティ上問題がある行為。
③：集中処理システムの説明である。

55 解答 (1) ① (2) ⓪ (3) ②

解説 電子カルテは，医師が診療の経過などを電子的なシステムに記録して管理するために使われる。在庫管理システムは，常に変動する出庫数量に合わせて適切な入庫数量を管理するために使われる。

56 解答 ②

解説 選択は条件に合致する行を抽出し，射影は指定した列を抽出する操作である。また，結合は複数の表を結合キーの値で突き合わせてまとめる操作である。この問題では，一つのテーブルを対象に指定した列を抽出しているので，射影である。

57 解答

	最頻値	中央値	平均	偏差	比
名義尺度	⓪	①	①	①	①
順序尺度	⓪	⓪	①	①	①
間隔尺度	⓪	⓪	⓪	⓪	①
比例尺度	⓪	⓪	⓪	⓪	⓪

解説 最頻値は出現する頻度を数えるだけなので，すべての尺度で扱える。中央値は順番に並べて中央にある値を求めるため，順序に意味がない名義尺度では扱えない。平均・偏差・比は数値の計算なので，質的データである名義尺度と順序尺度では扱えない。平均と偏差は，デ

ータ同士の乗除の計算をしないので，量的データである間隔尺度と比例尺度で扱える。比はデータ同士の除算をするので，比例尺度のみで扱える。

58 **解答** ①，②

解説

⓪：時間の経過に伴う売り上げの変化を示すには，折れ線グラフの方が適している。

①：気温の0℃には絶対的な意味はなく間隔尺度であるから，何倍という比率に意味はない。

②：グラフを見る視点によっては，同じ項目でも大きさが異なって見えることがある。

③：中央値以外の統計量も含まれている四分位数の方が，集団の特徴を正確に表すことができる。

59 **解答** ①，②，③

解説

⓪：順序尺度は間隔が一定ではないので，平均をとっても意味はない。

①：血液型などは名義尺度であり，割合などは円グラフで表される場合が多い。

②：学年ごとの遠足の行先の希望を表したい場合など，積み上げ棒グラフは有効である。

③：商品によって男女による購入量に差があるかないか，クロス集計で分かる。

60 **解答** 58.3

解説 まず，各階級の上限と下限の平均を求め階級値とする。その階級にあるデータはすべて階級値とみなし，各階級値とその階級にある度数をかけ合わせ，その総和を度数の合計で割ったものが平均となる。具体的な計算は，以下

のようになる。

階級	度数	階級値
0点以上20点未満	2	10
20点以上40点未満	4	30
40点以上60点未満	13	50
60点以上80点未満	11	70
80点以上	6	90

$$\frac{10\times2+30\times4+50\times13+70\times11+90\times6}{36}≒58.3$$

なお，階級内の値はすべて階級値であるとみなすため，本当の平均値とは一致しない場合が多い。

61 **解答** ア：②　イ：⓪　ウ：④
　　　　エ：③　オ：①

解説 欠損値を補完する値として，平均値や中央値などを適切に使う。外れ値は，標準偏差や四分位数を使って除去するか，そのまま使うかを判断する。

62 **解答** ⓪

解説 棒グラフの横軸は独立した項目であり，ヒストグラムの横軸は連続量である。棒グラフの隙間を埋めてもヒストグラムとはならず，ヒストグラムの階級値の順番を変えることは通常行わない。

63 **解答** ⓪，②

解説 相関が最も弱いのは相関係数が0のときである。

64 **解答** ⓪，②

解説 単回帰の回帰式は$y=ax+b$の形になり，この式に当てはめることによって，xのデータがない部分のyの値を予測することができる。

65 **解答** ⓪，①

解説

②：時系列分析では異常検知もできる。

③：予測値はある程度のデータの量がないと，精度が低いものとなる。

66 **解答** ②，③，⑤

解説 時系列分析では，時間に沿った変化を分析する。選択肢⓪，①，④では，縦軸および横軸となる2つの項目が示されており，これら

２つの項目間の関係は分析できるが，時間に沿った分析はできないため，時系列分析には適さない。一方，電力消費量は夏季に増大したり，株価や為替レートは日々変動する。また，春の引っ越しシーズンに家電の売り上げが増加するなど，季節によって小売業の売り上げも変動する。

67 解答　①，②

解説

⓪：因果関係である。

①：例えば，学年が高いことが第三の変数となり，それが身長と算数能力が高くなる原因になっている可能性がある。身長が高いことから，算数能力が高くなるわけではない。

②：例えば，1 人当たりの GDP の高さが第三の変数となり，それがチョコレートの年間消費量とノーベル賞受賞者が多くなる原因になっていると推測できる。1 人当たりのチョコレートの消費量を増やしても，ノーベル賞受賞者が増えるわけではない。

2nd Step セカンドステップ

1章 情報社会の問題解決

1 問題の発見・解決

問1 解答 ア：⑤

解説 実施結果についての自己評価と外部評価は，これより後に行う「解決案の実施と評価」の段階で行う内容である。

問2 解答 イ：③

解説 ③が正しい。

⓪：「アンケート調査」では，一つの質問で複数の情報を聞かず，回答者が何を質問されているか理解できるように作成する必要がある。

①：「フィールドワーク」では，許諾を取ったり申請をしたりするなど，事前に十分な準備をする必要がある。

②：「ブレーンストーミング」では，批判厳禁，自由奔放，質より量，結合改善の四つの約束事をもとに行う。

④：「テキストマイニング」は，インタビューやアンケートの自由記述欄の情報分析に利用することができる。しかし，分析した結果から意思決定をする部分は，人間が行う必要がある。

⑤：「自己評価と外部評価」では，事前に評価基準表などを作成し，できるだけ評価が明確かつ公正に行われるようにする。

2 知的財産権

問1 解答 ア：①

解説 日本の法律では法的に権利能力を有するのは人と法人であり，動物やAIはそのどちらにも該当しない。また，電車の時刻表・バスの料金表などの作成にあたって，創作性が発揮されたとは考えにくい。

問2 解答 イ，ウ：⓪，②（順不同）

解説 著作物を創った人の個性が少しでも表れていれば，「創作的」といえる。①の模写は「創作」ではない。また，③についても，創作性が表れているとはいえない。

問3 解答 エ：②

解説 「表現したもの」には，具体的に表現されたものが該当する。頭の中にあるイメージ，アイデアや発想は「表現したもの」とはいえない。ただし，アイデアを解説したような文章は，「表現」されているため著作物になり得る。

問4 解答 オ：①

解説 技術的，実用的に大変すぐれている作品であっても，工業製品などは「文芸，学術，美術又は音楽の範囲に属するもの」に属さないため，著作物にはあたらない。

問5 解答 カ，キ：①，③（順不同）

解説 ⓪，②，④は正しい。

①：著作者人格権は，公表権，氏名表示権，同一性保持権の三つから成る。

← 問題の発見や解決のためには，その内容や性質により，様々な手順や方法があるが，
1.問題の発見，2.問題の明確化，3.解決案の検討，4.解決案の決定，5.解決案の実施と評価
という手順で行う場合が多い。

← KJ法は，文化人類学者の川喜田二郎が考案した。KJはそのイニシャルである。

← 知的財産権には，その他に半導体集積回路の回路配置に関する権利（回路配置利用権），植物の品種を開発した権利（育成者権）などが含まれる。前者は一般財団法人ソフトウェア情報センターに，後者は農林水産省に登録することにより権利が発生する。

③：産業財産権は特許権，実用新案権，意匠権，商標権の四つから
　　成る。

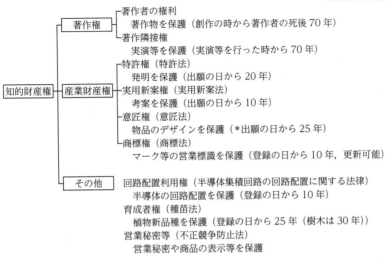

＊平成19年4月1日から令和2年3月31日までの出願は，設定登録の日から最長20年

（知的財産権｜文化庁）

3　情報セキュリティ

問1 解答　ア：②

解説　情報セキュリティの3要素は，機密性(Confidentiality)・完全性(Integrity)・可用性(Availability)のそれぞれの頭文字をとって，セキュリティのCIAとも呼ばれる。

問2 解答　イ：③

解説　③は情報セキュリティ対策として正しい記述である。
企業や組織などにおける情報セキュリティへの脅威には，ウイルス感染や災害などによる機器障害，システムへの不正アクセス，情報漏洩など，様々なものがある。脅威から情報資産を守るためには，組織における情報セキュリティ対策の方針と規則を整理し，すべての社員や構成員の意識向上を促さなければならない。

問3 解答　ウ：①

解説　情報セキュリティポリシーは，「基本方針」，「対策基準」，「実施手順」の三つの階層で構成されることが一般的である。
基本方針には，組織や企業の代表者による「なぜ情報セキュリティが必要なのか」や「どのような方針で情報セキュリティを考えるか」，「顧客の情報はどのような方針で取り扱うか」といった宣言が含まれている。また，対策基準には情報セキュリティ対策の指針を記述し，リスクに対してどのような対策を行うのかという，一般的な規定のみを記述する場合が多い。そして実施手順には，それぞれの対策基準ごとに，実施すべき情報セキュリティ対策の内容を，具体的に手順として記載する。

← 情報セキュリティの定義の3要素に加え，真正性・責任追跡性・否認防止・信頼性を含め，これら七つを「情報セキュリティの7要素」ということもある。

← 脅威は，不正侵入や天災などの外部要因と，人的ミスや機器故障などの内部要因の二つに分けることができる。

2章　コミュニケーションと情報デザイン

4　情報の構造化・可視化

問1 解答　ア，イ：①，②（順不同）

解説　特に広告を作成する際などには，より精度の高いマーケティングを効率よく行えるよう，年齢・性別・居住地域・家族構成・趣味など，まるで実在するかのような架空の人物像を細かく設定したペルソナとする。なお，ペルソナの作成時には，人権やプライバシー保護のため，架空の人物を設定する。

← ペルソナをチーム全体で共有することで，様々なアイデアを出す参考にしたり，判断基準として利用することができる。

問2 解答　ウ：②　エ：⓪　オ：①

解説　記載したい内容を記述してから，内容を推敲（すいこう）してシンプルに見やすく表記し，最終的に細かいレイアウト調整を行うことで，情報を構造化し，効率よく情報デザインをすることができる。

← 情報を受け取る相手は，自分とは知識や捉え方が同じでないことを前提に考える。

問3 解答　カ：①

解説　データの種類や伝えたい内容に応じて適切なグラフを用いることで，効率的に情報を伝えることができる。以下に，各グラフを用いるのに適当な場合を示す。

円グラフ：各項目の全体に対する割合を表したい場合
折れ線グラフ：データの時系列変化を表したい場合
散布図：二つの変数の関係性を表したい場合
箱ひげ図：データ全体の散らばりや偏りを表したい場合
ヒストグラム：データの分布の様子や特徴を表したい場合
レーダーチャート：各項目のバランスを表したい場合

← グラフで表現することで，情報を視覚的に分かりやすく伝えることができる。データの種類や目的に応じて，適切なグラフを選ぶ必要がある。

5　情報デザイン

問1 解答　ア，イ：⓪，①（順不同）

解説　ユニバーサルデザインとは，年齢・言語・国籍・身体能力などに関係なく，すべての人にとって使いやすくなることを，最初から想定したデザインのことである。

②：アクセシビリティに考慮したデザインだが，はじめから色覚に障がいがある人を考慮したユニバーサルデザインでWebページを作成できていれば，必要ない機能のはずである。

③：シグニファイア（またはアフォーダンス）を考慮したデザインであり，説明がなくとも使い方を誘導するデザインであるが，手や身体に障がいがある人にとって使いやすいごみ箱の形状とはいい切れない。

④：近づけば自動で開く自動ドアであれば誰もが使いやすいが，ボタンを押さなければ動作しない場合，言語の違いや身体的特徴によっては利用できない場合があるため，ユニバーサルデザインが考慮されたものとはいい切れない。

← 説明書きや解説がなくとも，誰もが間違えることなく安全に使うことができることが，ユニバーサルデザインを考えるうえで重要である。

問2 解答　ウ，エ：⓪，③（順不同）

解説　ユーザビリティとは，情報機器やソフトウェア，サービスの使いやすさや使い勝手のことである。ユーザビリティを向上させるためには，様々な機能に簡単にアクセスでき，ストレスや戸惑いなく使用できることが重要である。

CUI（Character User Interface）は，文字のみの画面にコマン

← 一般に，GUIデザインのシステムは，視覚的に分かりやすいUI設計が容易である。しかし，デザイン設計の手間とコストがかかるため，動作目的が択一的な工業用コンピュータなどでは，CUIデザインのシステムが使用されていることが多い。

ドを打ち込むことで情報機器の操作を行うUIであり，GUI
(Graphical User Interface)はアイコンやボタンなどの図形や画
像をクリックやタップして操作するUIである。

問3 解答 オ：③

解説
⓪：同じ色相の色でも，彩度が高いほど鮮やかになり，低いほど灰
色に近くなる。
①：色相環において，向かい合った色のことを補色といい，隣り合
った色を類似色という。
②：補色は，互いの色を最も目立たせる色の組み合わせである。

6 音のデジタル化と情報量

問1 解答 ア：③ イ：⑤ ウ：④ エ：⑤ オ：②
カ：⑥ キ：3 ク：① ケ：⑦ コ：2

解説
ア 〜 ウ ：標本化とは，波を一定の時間間隔に分割し，量として
取り出すことである。1秒間に標本化する回数を標本化周波
数(サンプリング周波数)という。
エ 〜 キ ：量子化では標本点に最も近い段階値で電圧の数値を表
すため，今回は0〜7の整数値のいずれかを取ることになる。
0〜7の8段階で電圧レベルの数値を表すため，必要なビット
数は$2^3=8$より，3ビットとなる。
ク 〜 コ ：音の情報量は，
量子化ビット数×標本化周波数×チャンネル数×時間
で求めることができるため，
・量子化ビット数16ビット＝2B(バイト)
・標本化周波数44,100 Hz
・ステレオ2チャンネル
・3分20秒(200秒)
の4つの条件から
$2×44,100×2×200=35,280,000$ B(バイト)
の情報量となる。
ここで，1 MB＝1,000,000 B より，
35,280,000 B＝35.28 MB
である。また，標本化周波数が2倍になると，より音質の向上
に資することができるが，その分，標本点の個数も2倍になっ
てしまうため，情報量と音質のトレードオフが生じる。

7 圧縮と情報量，圧縮方式

問1 解答 ア：⑤ イ：④ ウ：6 エ：2 オ：9 カ：6
キ：9 ク：①

解説 1，2，4，5，8行目は，0から始まり0が8個並んで
いるため，「0 111」で4ビットの情報量。
3行目は，0から始まり0が2個・1が1個・0が2個・1が1
個・0が2個並んでいるので「0 001 000 001 000 001」で16
ビットの情報量。

← 1秒間の波の振動数はヘルツ
Hz という単位で表す。

← 量子化ビット数を増やせば増や
すほど，より細かく電圧の数値を
表すことができるが，必要な情報
量は増加する。

← 一般に，音楽CDデータの量子
化ビット数は16ビット，標本化
周波数は44.1 kHzである。ハイ
レゾ音源ではデータの量子化ビッ
ト数は24ビット，標本化周波数
は192 kHz が主流であるため，
CDよりも情報量が多い分よい音
質で表現することが可能である。

← 一般に，可逆圧縮は圧縮効率が
非可逆圧縮に比べて悪い代わりに，
圧縮と伸張で失われる情報が生じ
ない。非可逆圧縮は可逆圧縮より
圧縮効率がよい代わりに，圧縮と
伸張で失われる情報が生じる。今
回の問題では，「記号の出現する
順番」という情報が失われてしま
う。

6行目は，0から始まり0が1個・1が1個・0が4個・1が1個・0が1個並んでいるので「0 000 000 011 000 000」で16ビットの情報量。

7行目は，0から始まり0が2個・1が4個・0が2個並んでいるので「0 001 011 001」で10ビットの情報量。

よって，これらを合計し，4×5＋16＋16＋10＝62ビットの情報量となる。このとき，

圧縮率（％）＝圧縮後のデータ量/圧縮前のデータ量×100

より，62/64×100＝96.875≒96.9％である。

8　2進数の計算

問1 解答　ア：⑨　イ：③　ウ：⑨　エ：⓪　オ：③
カ：⑤

解説

ア：10枚の駒がそれぞれ白となる場合があるので，10まで数えることができる。

イ：2枚の駒がそれぞれ白と黒となる場合があるので，2×2より4通りとなる。

ウ：10枚の駒がそれぞれ白と黒となる場合があるので，2を10回掛けた2の10乗通りの組み合わせがある。

エ：2の10乗は1024なので，0から数えることに注意すると0～1023まで数えることができる。

オ・カ：
$$\begin{array}{r} 10010_{(2)} \\ +00111_{(2)} \\ \hline 11001_{(2)} \end{array} \qquad \begin{array}{r} 10010_{(2)} \\ -00111_{(2)} \\ \hline 01011_{(2)} \end{array}$$

問2 解答　キ：③　ク：②　ケ：④　コ：④　サ：⑥
シ：⓪

解説

キ・ク：7.75＝4＋2＋1＋0.5＋0.25

ケ：符号部は「0」を正，「1」を負とするので，0となる。

コ：5ビットで表される最大の2進数は$11111_{(2)}$であり，10進数では31。このとき表すことのできる指数の範囲は，−15から15までであり，一番小さな指数である−15が0となるように数値を加えて調整するので，15を加える。ここで，指数は2^2より2なので，2＋15＝17が指数部となる。この17を2進数に変換すると，$10001_{(2)}$となる。

サ：最上位の桁は常に1となるので1を省略し，その次の2番目の桁からの値を仮数部とする。

$1.1111_{(2)}$であれば，小数点以下の1111が仮数部となり，10ビットで表現すると$1111000000_{(2)}$となる。

シ：ケ，コ，サで求めた符号部，指数部，仮数部を順に並べた，0100011111000000が，10進数の7.75を16ビットの2進数の浮動小数点数で表したものとなる。

← 例えば，問題文のような形で$0.1_{(10)}$を2進数で表すと，0.000110011001100…のような循環小数となってしまう。このとき，コンピュータではある有限の桁で丸め処理を行うため，誤差が生じる。この誤差のことを丸め誤差という。

また，近い大きさの小数同士で減算を行った際，有効数字が減る現象が生じる。これを桁落ちと呼び，その誤差のことを桁落ち誤差という。

3章 コンピュータとプログラミング

9 論理演算とその応用

問1 **解答** $\boxed{ア}$：③

解説 ベン図は集合が示す範囲を図で表現したもので，色が塗られているところは次の図のような関係になる。論理和は一つでも入力が1であれば出力が1となるので，③のように表現される。

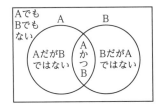

問2 **解答** $\boxed{イ}$：②

論理和であるため，画像Xまたは画像Yのいずれかで黒で表現されていれば，そのマスは黒で表現される。

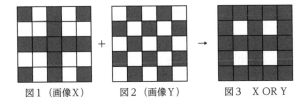

図1（画像X） 図2（画像Y） 図3 X OR Y

10 インタフェース

問1 **解答** $\boxed{ア}$：③

解説 HDMI(High-Definition Multimedia Interface)は，接続標準規格であるDVI(Digital Visual Interface)をもとに音声伝送機能や著作権保護機能を加えるなど，デジタル家電AV機器向けに改良したインタフェース規格である。非圧縮デジタル形式の音声と映像を伝送するため，理論的には音質，画質ともに劣化しないという特徴がある。

問2 **解答** $\boxed{イ}$：③

解説 それぞれ，⓪はUSB Type-C，①はUSB Standard-A (Type-A)，②はDisplayPort，④はLANケーブル，⑤はフォーンプラグである。

問3 **解答** $\boxed{ウ}$：②

解説 インタフェースには「接点」や「境界線」という意味がある。ソフトウェアインタフェースは，異なるソフトウェア間で通信を行う際に必要な手順やデータ形式の決め事を指しており，API (Application Programming Interface)はソフトウェアインタフェースの代表例である。

← Web上で提供されているサービスやデータを利用できるようにするために，アプリケーションソフトウェア開発者向けに公開しているAPIを特にWeb APIという。

問4 **解答** エ：②

解説 ユーザインタフェース(User Interface)とは，コンピュータと利用者の間で情報をやり取りするための接点(インタフェース)のことであり，UIと略されることも多い。GUI(Graphical User Interface)は，グラフィック表示やマウス操作によりコンピュータを操作できるようにしたものである。CUI(Character User Interface)は，すべてのやり取りを文字によって行う形式である。マウスやトラックボール，ジョイスティックなどもユーザインタフェースの一種である。

GUIの例
(アイコンをタップして操作)

CUIの例
(キーボード入力のみで操作)

11 モデルの分類と性質，用途

問1 **解答** ア：① イ：③ ウ：⑧ エ：④ オ：⑥
カ：①

解説

ア：変動する要素がなく結果が一つに定まるモデルのことを確定的モデル，変動する要素があり結果が一つに定まらないモデルのことを確率的モデルという。今回は「誰がどのように払うかは分からない」とあるため，確率的モデルである。

イ・ウ：Aの方法は，千円札1枚と五百円玉1枚で払う方法であるため，Aの方法で会費が支払われた場合，現時点の千円札と五百円玉の枚数に，それぞれ1枚ずつ追加される。よって，ある時点において千円札がx枚，五百円玉がy枚であるとすると，それぞれ，$x+1$枚，$y+1$枚となる。

エ・オ：Bの方法は，千円札2枚で払う方法であるため，Bの方法で会費が支払われた場合，千円札は現時点の枚数に2枚追加される。一方で，お釣りとして五百円玉が1枚減る。よって，ある時点において千円札がx枚，五百円玉がy枚であるとすると，それぞれ，$x+2$枚，$y-1$枚となる。

カ：確率的モデルは，ランダム性や不確実性を扱うモデルであるため，1度の試行だけでは，そのランダム性によってそのモデルを正確に評価することが難しい。複数回の試行を行うことで，その不確実性を考慮してモデルの評価を行うことができる。

12 待ち行列シミュレーション

問1 **解答** ア：5 イ：9 ウ：4 エ：2

解説

ア・イ：図1の薄い灰色（■）はそれぞれの客が待っている状態を表している。そのため，下図の赤枠で囲まれた部分より，9時16分から9時17分が，最も待ち行列が長いと分かる。

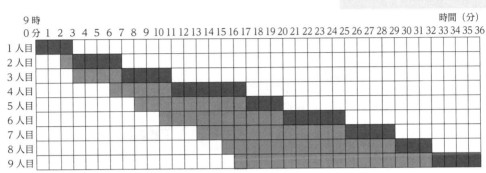

図1　客ごとの待ち時間とサービス時間

また，最も待ち時間が長いのは，下図の赤枠で囲まれた部分より9人目であり，16分並んでいることが分かる。

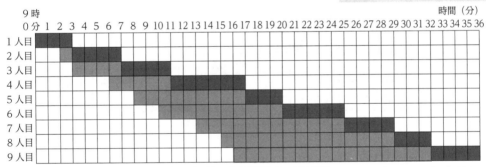

図1　客ごとの待ち時間とサービス時間

ウ・エ：平均サービス時間は，それぞれの客が受けたサービスの時間をすべて足して人数で割ることで，次のように求めることができる。

平均サービス時間
＝(3＋4＋4＋6＋3＋5＋4＋3＋4)÷9＝4（分）

また，平均到着時刻は，前の客との到着時刻の差をすべて足して人数で割ることで，次のように求めることができる。ただし，1人目は待ち時間なしであるため，割る人数は8人である。

平均到着時刻
＝(2＋1＋3＋2＋2＋3＋2＋1)÷8＝2（分）

問2 解答 　オ：⓪

解説　図2と図3の続きを描くとそれぞれ次のようになる。それぞれの最大待ち行列は図2が3人，図3が1人であるため，図3の方が最大待ち行列は短いことが分かる。よって，太郎さんの「窓口の数を増やした場合の方が，最大待ち行列を短くすることができる」という仮説は，正しいといえる。

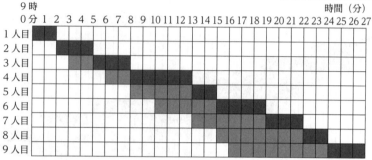

図2　窓口の中の人数を2人に増やした場合の客ごとの待ち時間とサービス時間

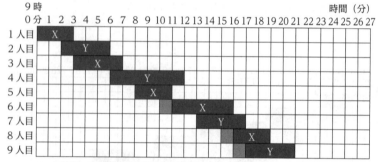

図3　窓口を増やした場合の客ごとの待ち時間とサービス時間

13　アルゴリズムの表し方

問1 解答 　ア：②

解説　アクティビティ図とフローチャートは似ているが，システムを全体的に俯瞰で捉えたいときにはアクティビティ図を，詳細な流れを捉えたいときにはフローチャートで表す。アクティビティ図は，複数の処理を同時に表現するのに適している。

問2 解答 　イ：②

解説　図1のアクティビティ図から読み取ることができるのはあくまで処理の流れであり，それぞれの役割の人物(客，レジ係，調理係)が行うことしか読み取ることはできない。

14 整列のプログラム

問1 解答 　ア：②

解説 ①はバブルソートアルゴリズム，③はクイックソートアル
ゴリズムの説明となっている。

問2 解答 　イ：①

問3 解答 　ウ：6

解説 　表1の続きを記入すると次のようになる。

表1　並べ替えの途中経過

i	j	配列Data [0]	[1]	[2]	[3]	[4]	入れ替えかどうか
実行前		4	2	5	1	3	
0	1	2	4	5	1	3	入れ替え
	2	2	4	5	1	3	
	3	1	4	5	2	3	入れ替え
	4	1	4	5	2	3	
1	2	1	4	5	2	3	
	3	1	2	5	4	3	入れ替え
	4	1	2	5	4	3	
2	3	1	2	4	5	3	入れ替え
	4	1	2	3	5	4	入れ替え
3	4	1	2	3	4	5	入れ替え

よって，図1のプログラムにおいて入れ替え処理は6回実行される。

【参考】バブルソート
バブルソート前の配列

1. 隣り合う要素を比較し，その結果
交換しない。

2. 隣り合う要素を一つ右に進めて
比較し，その結果交換する。

3. 隣り合う要素をさらに一つ右に進
めて比較し，その結果交換する。

4. 一度目のソートが終わった状態。
ソート済みの終端の配列を除いて，
1.〜3.を繰り返す。

4章　情報通信ネットワークとデータの利用

15　メールの仕組み

問1 解答　ア：②

解説　電子メール(メール)の To 欄には宛先のメールアドレスを入力する。また，同じメールを複数人に一斉に送る(同報する)場合には CC 欄または BCC 欄に入力する。CC 欄に入力したメールアドレスは，メールを受け取った相手に表示される。一方，BCC の B は Blind(ブラインド)で見えないことを意味する。したがって，この欄に記入されたメールアドレスは，メールを受け取った相手に表示されない。

　本問では，To 欄に kanae@abcd.ac.jp，CC 欄に mgr@ijkl.co.jp，BCC 欄に chief@ijkl.co.jp が入力されている。よって，BCC 欄に入力されている chief@ijkl.co.jp は，kanae@abcd.co.jp と mgr@ijkl.co.jp に知られることはない。逆に，chief@ijkl.co.jp 以外のメールアドレスは，すべての受信者に表示される。

← CC・BCC の CC は Carbon Copy の略で，複写をするための紙であるカーボン紙が由来である。

← 個人情報保護の観点から，同報する場合は BCC を使うことが望ましい。

問2 解答　イ：④　ウ：④　エ：⓪

解説

　イ，ウ：yume@efgh.ed.jp から kanae@abcd.ac.jp の受信サーバまで，送信が繰り返されている流れを表している。よって，イ，ウで用いるプロトコルは SMTP である。

　エ：受信者である kanae@abcd.ac.jp が受信サーバにメールの有無を問い合わせ，メールを受け取る流れを表している。メールの受信は POP または IMAP であるので，今回は選択肢から ⓪ の POP が適当である。

← 不正解のプロトコルの役割は以下の通り。
TCP：パケットの転送
HTTP：Web サイトの閲覧
FTP：ファイルの転送

問3 解答　オ：⑥

解説　メールを送信する際，メールサーバは送信先のドメインの IP アドレスを DNS サーバに問い合わせる。メールアドレスのドメイン部分は，@ 以下の部分である。今回の送信先は kanae@abcd.ac.jp であるので，X で abcd.ac.jp を問い合わせ，Y で DNS サーバから abcd.ac.jp の IP アドレスが返ってくる。

16　ネットワーク

問1 解答　ア：①

解説

(1)：インターネットに接続するには，ISP と契約を結ぶ必要がある。よって，図1の光回線で結ばれる先は ISP となる。

(2)：(2)〜(4)は LAN 内の機器に該当し，(2)の機器は ISP と LAN の間にあり，異なるネットワークを結ぶ装置であることが分かる。よって，(2)は異なるネットワークへ相互にデータを送受信する装置のルータである。なお，(2)の機器には，IP アドレス 210.xxx.240.12 と 192.168.10.1 の二つが割り当てられており，これは WAN 側の IP アドレスと，LAN 側のプライベート IP アドレスを指している。

(3)，(4)：複数のコンピュータを結んでいることから，集線装置のハブである。

← ISP : Internet Service Provider
WAN : Wide Area Network
LAN : Local Area Network
AP : Access Point

(5)：装置から電波が発されており，ノート PC やタブレットと接続
　　　していることから，有線 LAN を無線で接続する装置の AP で
　　　ある。

問2 **解答**　　イ：③

解説　　本問では，ノート PC(192.168.120.100)からプリンタ
(192.168.130.50)への出力ができないという問題が生じている。
このことを踏まえ，ping コマンドの結果から通信が可能な範囲を
絞ることで，どこに問題があるか考える。

　まず ping コマンドの結果 1 より，ノート PC から 192.168.10.1
の図中(2)へ通信ができていることが分かる。また，ping コマンド
の結果 2，3 から，ファイルサーバ(192.168.100.1)や PC(192.
168.120.26)とも通信ができていることが分かる。このことから，
図中(2)・(3)・(5)には問題がないことが分かり，選択肢⓪〜②の対応
は無効である。

　次に ping コマンドの結果 4，5 から，タイムアウトとなった先
は PC(192.168.130.10)とプリンタ(192.168.130.50)の 2 台であ
ることが分かる。このことから，プリンタ単独の問題ではないこと
が分かり，④の対応は無効である。よって，PC(192.168.130.10)
とプリンタの両方に影響を及ぼすものに原因があることから，その
両方に関係する③の対応が適当である。

→ ping コマンドは，通信可能か
の確認に用いられ，通信が可能な
場合は応答までにかかった時間や
パケット数などが表示される。通
信ができなかった場合は，通信で
きなかったパケット数や，要求が
タイムアウトであることを示すメ
ッセージなどが表示される。

17 クラウドコンピューティング

問1 **解答**　　ア：①

解説　　オンラインとは，機器がネットワークに接続されて利用で
きる状態を指す。

問2 **解答**　　イ：①

解説　　英数字の組み合わせは，大文字・小文字アルファベット
52 種類と 0 〜 9 の数字 10 種類を合わせた，62 種類である。この
8 桁で構成されるパスワードの組み合わせは約 218 兆通り(62^8)
で，ここに 5 種類の記号を加えると 67 種類から 8 桁で構成される
パスワードの組み合わせとなる。このときの組み合わせは約 406
兆通り(67^8)であり，パスワードは組み合わせの数が増えると強固
になるため①が正しい。その他の選択肢は，情報セキュリティ上や
ってはならないことである。

問3 **解答**　　ウ：⑤

解説

(1)：クラウドコンピューティングは事前に用意された内容からのカ
　　　スタマイズに限られ，利用者の自由度は低くなる。

(2), (3)：クラウドコンピューティングのメリットである。クラウド
　　　コンピューティングの利用者は，サーバのような処理能力の
　　　高いコンピュータの調達や設置・設定，管理を行う必要がな
　　　い。

18 データベース

問1 （解答） ア：②

（解説） 表Aの中で表Cにあるレコード（行）に色を付けると次のようになる。

表A

番号	名前	クラス	住所コード	部活動
1	佐藤	2組	13105	剣道
2	鈴木	1組	28218	合唱
3	高橋	1組	14109	野球
4	田中	1組	28213	合唱

　まず，表Cは表Aの一部のレコードが抽出されているので，この操作は「選択」である。次に，抽出されたレコードの共通点は，「クラスが1組」であることと「部活動が合唱」であることであるが，「クラスが1組」である条件を満たす「番号が3番」のレコードは抽出されていない。よって，『表Aから「部活動が合唱である」という条件を満たすレコードだけを選択する』ことで表Cができる。

問2 （解答） イ：⓪

（解説） 表Aと表Bの共通するカラム（列）は「住所コード」である。また，表Dには表Aと表Bのすべてのカラムが含まれているので，「射影」の操作はされていない。さらに，表Aと表Dですべてのレコードが一致しているので，「選択」の操作もされていない。以上から，『表Aと表Bを「住所コード」で結合する』ことで表Dができる。

19 データの分析

問1 （解答） ア：② イ：⑦ ウ：⑥ エ：③ オ：2
カ：5 キ：3 ク：0 ケ：4 コ：2 サ：1
シ：1 ス：6 セ：⓪

（解説） 測定されなかった値を欠損値，通常はあり得ない値を外れ値，外れ値のうちで原因が明らかなものを異常値という。

　欠損値の補完には，前後のデータから平均値を求めたり，よく似た属性のレコードの当該の値で代替したりする。ここでは，12日の湿度71％と同じ湿度が観測された25日の気温30.4℃を補完値と考えようとしている。

　21日の気温54.8℃，16日の湿度0％はまったくあり得ない数値ではないが，通常は考えられない数値であり，その原因が不明であることから外れ値として処理をする。

20 データの扱い

問1 （解答） ア：① イ：④ ウ：⑤ エ：④ オ：⑤
カ：④

（解説） 摂氏（℃），華氏（℉）の温度は間隔尺度であり，絶対温度（K）は比例尺度である。

日	降水量 (mm)	平均 気温 (℃)	平均 湿度 (%)
1	12.5	26.0	88
2	--	28.9	75
3	--	30.2	69
4	--	31.3	65
5	--	29.6	74
6	4.0	28.6	81
7	0.0	29.4	76
8	1.0	30.1	74
9	8.0	28.2	90
10	0.0	29.5	73
11	0.0	29.5	72
12	--		71
13	48.5	27.4	94
14	22.5	28.6	88
15	14.5	28.6	85
16	4.5	28.1	0
17	--	29.9	77
18	--	30.0	77
19	0.0	30.2	76
20	--	30.3	73
21	0.0	54.8	76
22	10.5	28.6	87
23	2.0	29.4	82
24	0.0	29.5	79
25	--	30.4	71
26	3.5	28.1	81
27	1.0	28.0	78
28	--	29.2	74
29	--	29.4	74
30	--	29.6	74
31	--	29.0	74

	尺度水準	大小の意味	値の間隔	四則演算	絶対的原点	例
質的データ	名義尺度	ない	等しくない	できない	ない	性別・居住地域, 所属学部・学籍番号
	順序尺度	ある	等しくない	できない	ない	ランキングの順位, 成績の5段階評価
量的データ	間隔尺度	ある	等しい	＋，－	ない	西暦・偏差値
	比例尺度	ある	等しい	＋，－，×，÷	ある	身長・体重・値段 年収・来場者数

21 箱ひげ図

問1 解答 　ア：④

解説　Aは山が中央にあり，ほぼ左右対称なので c が適当である。Bはデータが右に偏っているので，箱が右寄りで左のひげが長い a が適当である。Cは山が両端にあり，データが広範囲に散らばっているので，b が適当である。

問2 解答 　イ：⑤　ウ：④　エ：④

解説

イ：平均はデータの総和をデータの個数で割って求める。

ウ：中央値は，データを昇順または降順に整列し，個数で中央にある値，中央にデータがなければ中央をはさむ2個のデータの平均で求める。本問では，以下のようにデータを並び替えられるので，中央値は 57.6 である。

　　　53.0　　57.2　　57.6　　61.3　　63.9

エ：中央値が 61.3 になるので，それより小さい値のデータが2個，大きい値のデータが2個あることになる。また，平均が0.8 大きくなったことから，総和は 0.8×5＝4.0 大きくなる。61.3 より小さい値で 4.0 を加えて 61.3 より大きくなるのは57.6 だけである。

問3 解答 　オ，カ，キ，ク：①，④，⑥，⑧（順不同）

解説

⓪：箱ひげ図からおおよその値を読み取ると，国語の範囲は95－15＝80，数学の範囲は 85－30＝55，英語の範囲は100－30＝70 で，国語が最も大きいので，正しくない。

①：四分位範囲とは，第3四分位数と第1四分位数の差であり，箱の大きさが四分位範囲となる。数学が一番小さいので正しい。

②：この箱ひげ図から平均値は読み取れないので，判断できない。

③：数学の四分位範囲は 70－50＝20 であるので，正しくない。

④：国語の第一四分位数がおおよそ 45 点であることから，75 ％以上の生徒が 40 点以上であるといえるので，正しい。

⑤：この箱ひげ図からは読み取れないため，正しいとはいえない。

⑥：英語の最大値が 100 点で，少なくとも一人は 100 点の生徒がいるので，正しい。

⑦：四分位数範囲に含まれる生徒の数は，どの教科も同じであるので，正しくない。

⑧：数学の第3四分位数は 70 点で，この値は 13 番目と 14 番目のデータの平均であり，二人とも 70 点の場合は 70 点以上が 5人になる。可能性としてはあり得るので，正しい。

22 散布図・相関行列

問1 （解答） ア：① イ：② ウ：⓪ エ：⑦ オ：③
カ，キ：②，③（順不同）
ク，ケ：①，②（順不同）

問2 （解答） コ：①

解説 相関係数は数値として，散布図は視覚的に二つのデータの関係性を表現するものである。いずれかだけを行列に並べた場合，同じ値や同じ図が2か所に表れ無駄である。これを避けるため，相関係数と散布図の両方を対角線の両側に配置することで，数値での判断と視覚での判断を可能にする。また，対角線上に定数や直線など当たり前のものが表示されるのも冗長であるので，ここに単変数の視覚化としてヒストグラムを配置し，それを避ける。なお，対角線上には箱ひげ図を置くこともできる。

← このように重複していたり不必要に長かったりして無駄が多いことを，「冗長」であるという。「冗」という字は，無駄や不要，余計なことなどを意味する。

23 時系列分析

問1 （解答） ア：① イ：⓪ ウ：② エ：⓪ オ：②
カ：⑤ キ：③ ク：④

解説 十分な期間の時系列データがあれば，その動向を分析して将来の予測ができる。また，短期的に激しい変化をするデータを移動平均によって滑らかな曲線に変換することで，大きなうねりを読み取ることができるようになる。

短期移動平均のグラフと長期移動平均のグラフの交わる点を見つけることで，その後の増減を予測することができる。

← もともとは経済の指標であり，増加に転じるポイントをゴールデンクロス，減少に転じるポイントをデッドクロスと呼ぶ。

24 グラフを使った問題解決

問1 （解答） ア：7 イ：8 ウ：4 エ：4 オ：2

解説 点，辺，次数などの用語を理解すれば，あとは図の中のそれぞれの個数を数えるだけである。

問2 （解答） カ：① キ：4 ク：⑤ ケ：④ コ：⓪
サ：③ シ：② ス：7

解説 制約により許されない状態は，WG‖FC，FC‖WG，GC‖FW，FW‖GC の4通りである。このうち，FWGC‖ の次に起き得るのは，WG‖FC と WC‖FG，GC‖FW の3通りである。また問題文の図より，WG‖FC は図中に記載されており，ク は制約により許されない状態であることが分かる。よって，ク は GC‖FW となることが分かる。以上から，FWGC‖ の次に起き得る制約に引っかからない状態は WC‖FG で，これが ケ となる。

最終的には下図のようになる。

F^{inal} $Step$ ファイナルステップ

1章　情報社会の問題解決

1　知的財産権

問1 **解答**　ア，イ，ウ：⓪，①，④（順不同）

解説　⓪・①・④が適当である。

選択肢②・③は誤り。著作者は自ら著作権を放棄できるが，著作者が「この作品の著作権を放棄する」と明言している場合に限り，権利放棄が成立しパブリックドメインとなる。著作者が「権利について主張していない」場合を，「権利を放棄した」とみなすことはできない。

問2 **解答**　エ：3　オ：8

解説　著作物の保護期間が，死後70年間となったため，1968年に亡くなってから70年が経過した，2038年までが保護期間となる。

問3 **解答**　カ，キ：⓪，②（順不同）

解説　ドリルやワークブックといった児童生徒などの購入を想定した著作物を，購入させずに複製や公衆送信を行うことなど，著作権者の利益を不当に害するような場合については，別途許諾が必要である。

問4 **解答**　ク：④　ケ：⓪

解説　以下の表に当てはめて考えるとよい。

クリエイティブ・コモンズ・ライセンスの組み合わせと内容

ライセンスの組み合わせ		改変		
		許可する	許可するがSA（継承）を求める	許可しない
営利目的の利用	許可する	CC ① BY	CC ① ◎ BY SA	CC ① ＝ BY ND
	許可しない	CC ① ◎ BY NC	CC ① ◎ ◎ BY NC SA	CC ① ◎ ＝ BY NC ND

← 国内では，著作権の保護期間は，著作者（共同著作物の場合には最後の著作者）の死亡した翌年の1月1日から起算して70年間。無名・変名，団体，映画の著作物は，公表した翌年の1月1日から起算して70年間が保護期間である。

← 著作権の保護期間経過や，著作権を放棄している著作物のように，著作者の許諾なしに自由に利用できる状態をパブリックドメイン（public domain）という。

クリエイティブ・コモンズ・ライセンスは，著作権を完全に保持する状態（著作物に©を表記）と，パブリックドメイン（◎などと表記）の中間段階で，条件付きで著作物の利用を認めるときに用いる。

2 情報セキュリティ

問1 解答　ア：①

解説　パスワードの設定にあたっては，以下のような要素を意識するとよい。

- 英字だけでなく数字と記号を含み，短すぎない。
- 生年月日や電話番号，地名，単語など，他人が類推しやすいものは避ける。
- 本人だけが覚えやすいものにする。
- ほかで利用しているパスワードを使い回さない。

問2 解答　イ，ウ，エ：⓪，③，④（順不同）

解説　フィッシング詐欺とは，偽の Web サイトに誘導し，ID やパスワード，クレジットカードの情報などを盗むサイバー犯罪である。

①：正式な URL を記録し，毎回そこからアクセスすることで，偽の Web サイトにアクセスすることを回避できる。

②：SSL/TLS が採用されていない偽の Web サイトへのアクセスを，回避することができる。

問3 解答　オ：②

解説　サーバ，ネットワーク機器およびパソコンなどの端末にパスワードを記憶させておくと，席を離れた際に勝手に利用されたり，パソコンに不正アクセスされた際に，根こそぎデータを盗まれたりする可能性があるため，注意が必要である。

問4 解答　カ：②

解説　組織で取り扱う情報は，その目的や用途などによって，取り扱いに慎重を要する度合いが様々である。そのため，その重要性に応じた適切な措置を講じて，確実に情報セキュリティを確保する必要がある。このようなポリシーにおいては，情報の格付けの区分や，取り扱うことができる制限の種類を定める必要がある。

情報の格付けや取り扱い制限は，その作成者または入手者が，当該情報を「どのように取り扱うべきと考えているのか」を他の人々に認知させ，当該情報の重要性や講ずるべき情報セキュリティ対策を明確にするための手段であり，適切に実施される必要がある。

よって，「資産としての価値」の高い順ではなく，情報の重要性（取り扱いに慎重を要する度合い）によって分類する必要があるため，②は表1の説明としては誤りである。

2章 コミュニケーションと情報デザイン

3 情報デザイン

問1 解答 　ア：③

解説
- ⓪：カリグラフィーとは，文字を美しく見せる手法である。
- ①：コラージュとは，異なる素材を張り合わせるなどして組み合わせて表現する手法である。
- ②：タイポグラフィーとは，文字や文章を読みやすく，美しく見せるための手法である。
- ③：ピクトグラムは，言語に頼らず情報を伝えることができる図記号である。

解答 　イ：⑧

解説　情報デザインにおける「抽象化」とは，伝えたい情報に注目して余計な情報をできるだけ取り除いて要点をシンプルに表現する手法のことをいう。

問2 解答 　ウ：②

解説　「ユニバーサルデザイン」とは，最初から障壁をなくし，年齢，言語，国籍，身体能力などによらず誰にとっても使いやすいデザインを設計することである。

問3 解答 　エ，オ：⓪，③（順不同）

解説　インフォグラフィックスは，情報を整理整頓したうえで，伝えたい情報を強調して図形で表現したものである。その際，目的に必要ない情報は省略して表現することもあり，案内図などでもあえて正確に表現しないことで，分かりやすく情報を伝えることができる。

問4 解答 　カ：④

解説　類似色とは，色相環において隣り合った色の組み合わせのことであり，似たような色で目立たない組み合わせとなる。色相環において反対側にある色同士の組み合わせのことは補色といい，目立つ色の組み合わせとなる。ユーザビリティとは，利用者にとってのシステムや製品の使いやすさのことであり，どれだけストレスや戸惑いなく利用できるかが，ユーザビリティの向上へとつながる。

問5 解答 　キ：③　ク：②　ケ：①　コ：④　サ：⓪

解説　情報を基準ごとに整理してまとめることを構造化という。構造化の基準の一つとして，以下のものが考えられる。
- ⓪：【位置】物理的な位置を基準にまとめる
  - 例：国別，地図など
- ①：【アルファベット，五十音】言語的順番を基準にまとめる
  - 例：辞書，電話帳など
- ②：【時間】時間の前後関係を基準にまとめる
  - 例：年表，時刻表など
- ③：【カテゴリー】物事の類似性や分野分類を基準にまとめる
  - 例：図書館分類(NDC)，専門書など
- ④：【階層】数量的な大小を基準にまとめる
  - 例：ランキング，大きさ順，距離順など

← ピクトグラムはユニバーサルデザインの一例である。

← 情報デザインでは「抽象化」，「構造化」，「可視化」の考え方が用いられることが多い。

← 存在する障壁を取り除く考え方のことを「バリアフリー」という。

← 例えば，道案内の地図では簡略化された道路形状と，目印になる建物のみを記載し，正確ではないが分かりやすく情報を伝えられる工夫がなされていることが多い。

← 文字やボタン，背景色の大きさや配色バランスなどの見た目に関するデザインや，表示させる文字の内容を誤解なく正確にユーザが理解できる表現にするなどの工夫が，ユーザビリティの向上へとつながる。

← 情報を分類する方法は，これら五つの基準の頭文字(位置：Location，アルファベット：Alphabet，時間：Time，カテゴリー：Category，階層：Hierarchy)をとって「LATCH法」という。

■4 画像のデジタル化と情報量

問1 解答 　ア：②

解説

⓪：解像度が高いほど，1インチ当たりの画素数が増えるため，画像のデータ量は大きくなる。

①：光の三原色はR（赤）・G（緑）・B（青）であり，混ぜ合わせると白い光に近づくため加法混色といい，RGBカラーともいう。

③：フルカラーは光の三原色それぞれの明るさを256（2^8）段階で表したもので，各色8ビットずつ情報量が必要となるため，24（8＋8＋8）ビットフルカラーともいう。表現できる色数は，2^{24}＝16,777,216色である。

← カラープリンタなどでは，色の三原色，C（シアン）・M（マゼンタ）・Y（イエロー）によって色を表現しており，減法混色という。

問2 解答 　イ：⓪　ウ：③　エ：①　オ：②

解説　解像度が下がると，1インチ当たりの画素数が少なくなるため，画像は粗くなる（モザイクのようになっていく）。また，各色の階調が下がると，表現できる色の数が少なくなり，色のグラデーションがなくなっていく。

各色256階調では，1画素当たり256×256×256＝16,777,216色表すことができるが，各色3階調となると3×3×3＝27色。各色2階調だと2×2×2＝8色しか表現することができなくなる。

← 解像度は1インチ（＝約25.4mm）あたりの画素数のことで，dpi（dots per inch）や，ppi（pixels per inch）という単位で表す。

問3 解答 　カ：④　キ：⑦　ク：3　ケ：⓪　コ：④
　サ：1　シ：6　ス：①

解説

カ〜ケ：1インチ＝25.4mmより，写真のインチ数は縦5インチ×横8インチとなる。解像度が300dpiより，1インチ当たり300画素あるので，縦1,500画素×横2,400画素となる。総画素数は縦×横より3,600,000画素となる。

また，各色256階調なので，1画素当たり8ビット×3色＝24ビット＝3バイトの情報量が必要となる。

よって，画像全体の情報量は3,600,000×3＝10,800,000バイト＝10.8MBとなる。

コ：画像1枚で10.8MBなので，1,000MBの容量には1,000÷10.8＝92.59…より，最大で92枚の画像が保存できる。

サ・シ：各色256階調では，1画素当たり24ビットの情報量である。1画素当たりの情報量を半分とすると，24÷2＝12ビットなので，12÷3＝4より，各色4ビットずつ割り当てられる。4ビットの情報量では2^4＝16色の表現ができる。よって，各色16段階で量子化すれば情報量を半分にすることができる。

ス：MIDIとWAVは音声ファイルで使用するファイル形式である。MP4は動画ファイルで使用するファイル形式。BMPは画像ファイルで使用するファイル形式であるが，無圧縮の形式である。

← 無圧縮の画像データをコンピュータで表現・保存するためには，多くの情報量・保存領域が必要となる。そのため，データを圧縮して画像を保存するファイル形式が用いられることが多い。非可逆圧縮形式では，データを多く圧縮できる反面，完全に同じ画質で保存することはできない（画質が下がり，元の画質には戻せない）。

5 Web サイトの構築

問1 解答 　ア：③　イ：①　ウ：②　エ：⓪　オ：⓪
　　　　　カ：②　キ：①

解説 　情報デザインにおける構造化とは，情報の要素同士をある基準に従って整理する手法のことである。情報の種類やまとめ方によって，どの分類方法で構造化していくか適切なものを選ぶことで，うまく情報を整理することができる。

← 例えば文章を章や節に分け，内容ごとに分類分けをして表現をするなども，構造化の考え方である。

問2 解答 　ク・ケ・コ：⓪，①，③（順不同）

解説 　ユーザビリティとは，ユーザがサービスやシステムを使用する際の使いやすさのことである。多くの機能があってもできるだけ簡単な操作で使用することができ，操作にストレスや戸惑いを感じさせない設計が，ユーザビリティの向上につながる。②のように極力小さな文字にしたり，④のように複雑で入り組んだメニューやリンク構造にすべきではない。

← ユーザがサービスやシステムを操作する際の操作画面や操作方法のことを，ユーザインタフェイス（UI）という。心理や認知を活用した優れた UI 設計のシステムは，ユーザの快適度や満足度を上げるだけでなく，操作ミスなどを減らすこともできる。

問3 解答 　サ：①

解説 　margin プロパティは，要素の外側の余白について指定する。フォントの種類を指定するプロパティは，font-family プロパティである。また，プロパティは大文字と小文字を区別しないが，セレクタは大文字と小文字を区別するため，記載時には注意が必要である。

← その他にも HTML や CSS で使用できるタグやプロパティは多数あり，効果的に使用することで見た目を整えたり視覚的に訴える表現をしたりするなど，様々な表現ができる。

問4 解答 　シ：①　ス：⑤

解説 　光の三原色は「赤(Red)」「緑(Green)」「青(Blue)」であり，カラーコードでは # の後に RGB の順に 16 進数 2 桁ずつで，色を 00〜FF で表記する。例えばイエローは R と G の 2 色が混ざっているので，そのカラーコードは #FFFF00 となる。シアンは G と B の 2 色が混ざっているので，そのカラーコードは #00FFFF となり，マゼンタは R と B の 2 色が混ざっているので #FF00FF となる。

問5 解答 　セ：③

解説 　PDCA サイクルとは，Plan(計画)，Do(実行)，Check(評価)，Action(改善)の四つの段階を順番に繰り返し続けることで，継続的な改善を行う手法である。

← PDCA サイクルは，内容改善以外にも問題解決の手法として利用することもできる。

3章 コンピュータとプログラミング

6 演算誤差

問1 解答 ア：① イ：③

解説

ア：問題文中に「論理シフトでは，ずらして空いたビットには「0」を入れることになっています。」とあるので，2進数4桁 $0011_{(2)}$ は10進数では3であり，これを左に1ビットシフトした $0110_{(2)}$ は10進数では6，2ビット左に論理シフトした $1100_{(2)}$ は10進数では12であるので，1ビット左に論理シフトすると①もとの数の2倍になる。

イ：アより，1ビット左に論理シフトすると2（$=2^1$）倍，2ビット左に論理シフトすると4（$=2^2$）倍となっていることから，n ビット左に論理シフトすると③もとの数の 2^n 倍になる。

問2 解答 ウ：③ エ：⓪

解説

ウ：問題文中にもある通り，算術左シフトでは最上位ビットを固定し，それ以下のビットをシフトする。このとき，空いたビットには「0」を入れる。よって，8桁の2進数 $11110000_{(2)}$ を左に3ビット算術シフトする場合，最上位ビットの1を固定してそれ以下のビットをシフトするため，③ $10000000_{(2)}$ となる。なお，符号付き8桁の2進数 $11110000_{(2)}$ は，10進数に変換すると -16 であり，3ビット左に算術シフト後の $10000000_{(2)}$ は，10進数に変換すると -128 なので，8倍（$=2^3$ 倍）になっていることが確認できる。

エ：ウと同様に算術シフトで右に3ビット移動する場合を考える。算術右シフトの場合，最上位ビットは固定され，空いたビットには符号ビットと同じ値が入る。今回は8桁の2進数 $11110000_{(2)}$ を右に3ビット算術シフトするため，右にシフトして空いたビットには符号ビットと同じ「1」が入る。よって，シフトした結果は⓪ $11111110_{(2)}$ である。なお，3ビット右に算術シフト後の $11111110_{(2)}$ は10進数に変換すると -2 なので，1/8倍（$=2^{-3}$ 倍）になっていることが確認できる。

問3 解答 オ：③

解説 算術左シフトにおいて，オーバーフローが発生するのは③符号ビットと異なる数値があふれたときである。例えば，符号付き4桁の2進数 $1101_{(2)}$ を左に1ビット算術シフトした場合，左に1があふれて $1010_{(2)}$ となる。もとの数 $1101_{(2)}$ を10進数に変換すると -3 なのに対し，$1010_{(2)}$ を10進数に変換すると -6 であり，正しい結果が得られている。ここで，さらに $1010_{(2)}$ を左に1ビット算術シフトすると，今度は左に0があふれて $1100_{(2)}$ となる。$1100_{(2)}$ を10進数に変換すると -4 であり，もとの数の 2^2 倍にならない。このように，算術左シフトでは符号ビットと異なる値があふれた場合，正しい結果を得ることができない（オーバーフローが発生する）。

【参考】2進数から10進数への変換
例えば2進数 $0011_{(2)}$ を10進数に変換する場合を考える。このとき，桁の重みは下の表のようになる。

桁の重み			
2^3	2^2	2^1	2^0
0	0	1	1

$0011_{(2)}$ を
$2^3 \times 0 + 2^2 \times 0 + 2^1 \times 1 + 2^0 \times 1$ と捉えると，$0+0+2+1=3$ となり，10進数に変換することができる。

← 8桁の負の2進数 $11110000_{(2)}$ の0と1を反転させると $00001111_{(2)}$ となり，これに1を足すと $00010000_{(2)}$ になる。これを10進数に変換すると16になることから，$11110000_{(2)}$ を10進数に変換すると -16 になるという考え方もある。

【参考】負の数の表現
コンピュータでは，負の数を表現する場合，もとの数の補数として表現する。ここでの補数とは，2進数のある数に対し，「足すと1桁増える最も小さな数」のことである。

例えば，2進数4桁 $0011_{(2)}$（10進数の3）の補数は，足すと $10000_{(2)}$ になる最小値なので，$1101_{(2)}$ である。補数を使って計算することで，減算を加算で表現することが可能になる。そのため，減算用の回路を用意しなくてよく，リソースの削減につながる。

7 論理回路の組み合わせ

問1 解答　ア：⓪

解説　半加算器は1桁の2進数の加算を行うことができる回路である。表2の真理値表を再掲する。

表2　半加算器の真理値表

入力		出力	
A	B	C	S
0	0	0	0
0	1	0	1
1	0	0	1
1	1	1	0

←──$0_{(2)}+0_{(2)}=0_{(2)}$
←──$0_{(2)}+1_{(2)}=1_{(2)}$
←──$1_{(2)}+0_{(2)}=1_{(2)}$
←──$1_{(2)}+1_{(2)}=10_{(2)}$

　入力AとBが足される数で，出力Sがその桁の答え，出力Cが桁上げを表している。例えば，10進数で1+1の計算結果は2となるが，コンピュータは0と1のみを扱うので，2進数に変換した$10_{(2)}$が出力されていることを表している。本問では，出力が二つあるので，それぞれで真理値表を分けて表すと次のようになる。

出力Cのみの真理値表

入力		出力
A	B	C
0	0	0
0	1	0
1	0	0
1	1	1

出力Sのみの真理値表

入力		出力
A	B	S
0	0	0
0	1	1
1	0	1
1	1	0

　Cのみの真理値表に着目すると，表1に載っていた論理積回路の真理値表と同じであることが確認できる。ここで，図2の論理回路の出力Cに着目すると，A，Bの値がアに入力され，Cで出力されていることが分かる。よって，アに⓪論理積回路（AND回路）の図記号を当てはめるとよい。

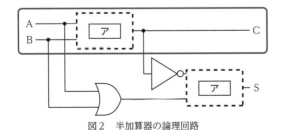

図2　半加算器の論理回路

　なお，出力Sについても確認しておく。論理回路では，入力側から出力側に向け，値がどのように変化するか確認しながら回路をたどるとよい。

← 論理回路を式で表すことも可能である。

論理式の演算子

演算子	意味	優先順位
¬	否定	1
・	論理積	2
＋	論理和	3

　例えば，表1の各論理回路は次のような式で表すことができる。
【論理積】　$Z=A・B$
【論理和】　$Z=A+B$
【否定】　$Z=¬A$
　また，論理回路には数学で学んだド・モルガンの法則を適用することができる。例えば，次のような式変形ができる。
　　$Z=¬(A・B)=¬A+¬B$
図記号で表すと $¬(A・B)$ は下図のようになり，

$¬A+¬B$ は下図のようになる。

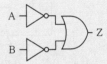

真理値表を書いてみるとどちらも同じになるため，この2つの回路は等価であることが分かる。
　$Z=¬(A・B)=¬A+¬B$

の真理値表

入力		出力
A	B	Z
0	0	1
0	1	1
1	0	1
1	1	0

入力A，Bが0，0のときは出力Sは0となる。

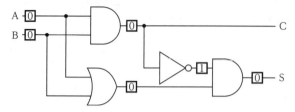

入力A，Bが0，1のとき，出力Sは1となる。

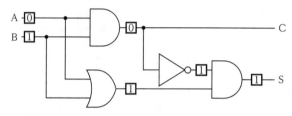

入力A，Bが1，0のとき，出力Sは1となる。

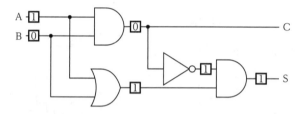

入力A，Bが1，1のとき，出力Sは0となる。

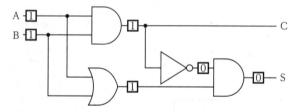

以上より，出力Sも表2の真理値表通りになっていることが確認できる。

問2 **解答**　**イ**：③

解説　問1の解説でも提示した「出力Sのみの真理値表」と表3の排他的論理和回路の真理値表を比べると，入力と出力の関係が同じになっていることが確認できる。

出力Sのみの真理値表(再掲)

入力		出力
A	B	S
0	0	0
0	1	1
1	0	1
1	1	0

よって，出力Sにつながる回路が排他的論理和回路につながる③が
適当であることが分かる。

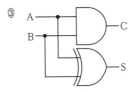

③

問3 解答　　ウ：①

解説　半加算器は1桁の2進数の足し算のみに対応しており，下
位の桁からの桁上げに対応していない。そこで，二つの半加算器と
一つの論理和回路（OR回路）を組み合わせて下位の桁からの桁上
げに対応したものが全加算器である。図2の全加算器中の半加算
器1の入力A，B，出力C，SをそれぞれA1，B1，C1，S1，半加
算器2の入力A，B，出力C，SをそれぞれA2，B2，C2，S2と
する。

この回路図について真理値表を作成すると次の表のようになる。

全加算器の真理値表

入力			半加算器1				半加算器2				出力	
			入力		出力		入力		出力			
X	Y	C_in	A1	B1	C1	S1	A2	B2	C2	S2	C_out	S
0	0	0	0	0	0	0	0	0	0	0	0	0
0	0	1	0	0	0	0	0	1	0	1	0	1
0	1	0	0	1	0	1	1	0	0	1	0	1
0	1	1	0	1	0	1	1	1	1	0	1	0
1	0	0	1	0	0	1	1	0	0	1	0	1
1	0	1	1	0	0	1	1	1	1	0	1	0
1	1	0	1	1	1	0	0	0	0	0	1	0
1	1	1	1	1	1	0	0	1	0	1	1	1

この半加算器1と半加算器2の出力C1，C2の列のみを記載し
たのが表4である。ここで，今回の空欄　ウ　に入る回路を考えるの
に必要なC1，C2，C_outだけを表4から取り出してみると，次の
表のようになり，C1もしくはC2のいずれか一方が1になってい
ればC_outも1になっていることが分かる。

途中経過		出力
C1	C2	C_out
0	0	0
0	0	0
0	0	0
0	1	1
0	0	0
0	1	1
1	0	1
1	0	1

よって，空欄 ウ に当てはまる論理回路は①の論理和回路（OR回路）の図記号であると導くことができる。

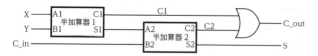

8 待ち行列シミュレーション

問1 解答 ア ：5　 イ ：3　 ウ ：1　 エ ：5　 オ ：2
　　　　　 カ ：1　 キ ：1　 ク ：1　 ケ ：2　 コ ：4

解説

ア ～ ウ ：表2は「表計算ソフトウェアで生成させた乱数（0以上1未満の数値が同じ確率で出現する一様乱数）を用いた」とのみ記載している。ここで，表1についての説明に，「累積相対度数を確率とみなして考えることにした」との記載があることに注目する。表1の「累積相対度数」の項目を見ると，0.10～1.00までの範囲となっているため，表2の「生成させた乱数」と関係がありそうなことが考えられる。

　次に，表2の到着間隔を見ると，0.09は「0分」，0.22は「1分」，0.47は「2分」，0.53と0.57は「3分」，0.98は「6分」となっている。表1の「累積相対度数」と照らし合わせると，階級値「0分」の累積相対度数は0.10，「1分」の累積相対度数は0.23，「2分」の累積相対度数は0.53，「3分」の累積相対度数は0.73となっており，表2の「到着間隔」に応じて「生成させた乱数」は，表1で確認をした「累積相対度数」の範囲に入る階級値が用いられていると考えられる。

　表2 ア の8人目の（生成させた乱数）0.89は，表1の累積相対度数0.88（4分）から0.93（5分）の間に収まっており，表2 イ の9人目の（生成させた乱数）0.64は，表1の累積相対度数0.53（2分）から0.73（3分）の間に収まっている。そして，表2 ウ の10人目の（生成させた乱数）0.11は，表1の累積相対度数0.10（0分）から0.23（1分）の範囲に「生成させた乱数」が収まっている。

　よって，表2の「生成させた乱数」と表1の「累積相対度数」を照らし合わせて考えることで， ア ：5， イ ：3， ウ ：1　と導き出すことができる。

エ ～ ク ：次のページに示す図の通りである。

← 私たちの身の回りには，サイコロを振ったときに出る目の数のように，不確定な要素を含んだ現象がある。このような現象を，確率的な考え方を用いてモデル化したものを「確率的モデル」という。この確率的モデルの中で乱数を用いて問題を解決する手法を，モンテカルロ法という。乱数とは，値が一定の範囲内で不規則かつ等確率で現れる数字の列である。例えば，表計算ソフトウェアで使われるRAND関数は，0以上で1未満の実数をランダムに発生させる。

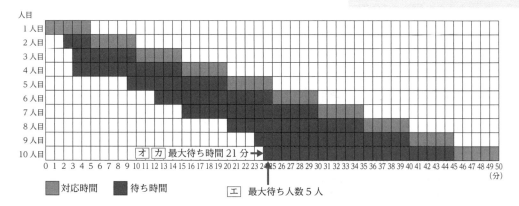

対応時間　待ち時間　　エ 最大待ち人数 5 人

キ ク (3＋7＋12＋11＋13＋15＋15＋17＋21)÷10 人＝11.4 分≒11 分

ケ・コ：以下の図の通りである。

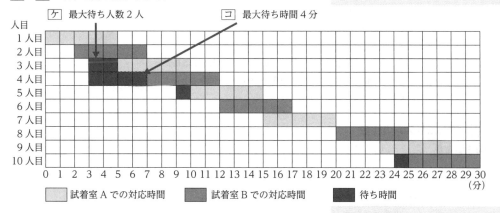

ケ 最大待ち人数 2 人　　　　コ 最大待ち時間 4 分

試着室 A での対応時間　　試着室 B での対応時間　　待ち時間

9 探索のプログラム

問1 解答　ア：6　イ：1　ウ：5　エ：①　オ：①
　　　　カ：⑦　キ：1　ク：5

解説
　ア〜ウ：図1のプログラムを実行すると「計 36 通りの対戦パターンが表示された」との記述がある。今回のクラス数で総当たり表を作成すると下表のようになる。

	1	2	3	4	5	6
1	×	A	B	D	G	K
2	A	×	C	E	H	L
3	B	C	×	F	I	M
4	D	E	F	×	J	N
5	G	H	I	J	×	O
6	K	L	M	N	O	×

　ア については、「同じ組同士の対戦数」を数えればよく、上表で×印のついている箇所であるため、「6」が適当である。
　また、イ ウ については、上表では A 〜 O が二つずつあり、「1 組対 2 組」、「2 組対 1 組」といった対戦パターンが重複している。数えると 15 種類あり、「15」が適当である。

エ ～ カ ：図2のプログラムは，1組から6組のクラスが総当たりで対戦する一覧を作成するものである。

1行目では，Kumibangou という配列に，各組の組名が格納されている。

2行目の繰り返しでは，配列 Kumibangou の各要素（組名）を順番に取り出している。番号関数を用いることで，各組の添字（インデックス番号）と組名を取得し，変数 i と kumi1 に代入される。

3行目の内側にある繰り返しでは，外側の繰り返しである2行目で取得した組以降の組との対戦を処理している。そのため，Kumibangou[i+1 :] という記述にすることで，kumi1 の後ろにある組名だけを対象とすることができる。これにより，同じ組との対戦や重複した対戦を避けることが可能である。

最後に，4行目で対戦する二つの組名を表示している。

よって，以上のことから，

エ には，① 番号(kumibangou)

オ には，① kumibangou

カ には，⑦ i+1 　　　　　が入る。

キ ・ ク ：本来，正しく表示されるべき対戦数は，総当たり表にあるA～Oまでの組み合わせのため，キク はそれぞれ「1」と「5」が適当である。

🔟 アルゴリズムの比較

問1 **解答** ア：2　イ：5　ウ：0　エ：7　オ：0
カ：1　キ：0　ク：6　ケ：5　コ：4
サ：⑤　シ：④　ス：⑦　セ：2　ソ：4

解説 複数のデータから目的のデータを探し出すことを「探索」という。この問題に記載の【検証方法Ⅰ】は線形探索，【検証方法Ⅱ】は二分探索と呼ばれる探索方法である。

ア ， イ ：【検証方法Ⅰ】では，先頭の札から順番に調べていく探索方法である。1枚目から順に札を確認していき，1枚目から数えて25番目に番号「96」の書かれた札が存在するため，ア は2，イ は5が適当である。

ウ ～ コ ：【探索方法Ⅱ】では，札全体の中央に位置する札から探索を行う。番号「17」と書かれている札を探索する流れは，以下の通りである。

1回目の探索：札 01-27 の中央に位置する札 14「56」

2回目の探索：札 01-13 の中央に位置する札 07「35」

（この時点で，次の探索範囲は札 01-06 となり，これが オ カ ～ キ ク の答えとなる）

3回目の探索：札 01-06 の中央に位置する札 03「18」

4回目の探索：札 01-02 の中央に位置する札 01「12」

（この時点で残りの札は1枚であるが，手順Ⅱ-②で，「1枚以上札が残っている場合，手順Ⅱ-①に戻る」と記載があるため，手順Ⅱ-①に戻る）

5回目の探索：札 02 の中央に位置する札が 02「17」

〈条件〉を見ると,「中央の札に書かれた番号が,探している番号であれば探索を終了する」とあるため,これで探索は終了し,　ケ　は5が適当である。

　同様に,番号「27」と書かれている札を探索する流れは,以下の通りである。

1回目の探索：札01-27の中央に位置する札14「56」
2回目の探索：札01-13の中央に位置する札07「35」
3回目の探索：札01-06の中央に位置する札03「18」
4回目の探索：札04-06の中央に位置する札05「27」

これで探索は終了し,　コ　は4が適当である。

　サ　～　ス　：【検証方法Ⅰ】では,配列内のデータ(数値)を順に比較していきながら,探索値に一致するデータを探し出すものである。探索値と配列内のデータ(数値)を先頭から順に比較していき,一致したデータ(数値)が見つかった場合には,その場所の添字を表示するプログラムが図2である。

　1行目では関数名を記載した後,括弧内に比較対象の配列であるFudaと探索値であるtansakuchiが記述されている。これによって,関数として一連の処理をまとめて定義することができる。

　2行目では札の数だけ比較を行うため,繰り返し処理を行っている。

　3行目では添字iの要素と探索値であるtansakuchiを比較し,一致する場合に行う処理が4行目に記述されている。よって,　サ　にはtansakuchiが入る。このプログラムでは,添字が0から始まっているが,実行結果を表示する場合には,配列の要素を1番目から順に,2番目,3番目,…とカウントしていることから,iだけでは配列の先頭は0番目と表示されてしまう。そのため,　シ　でi+1と記述することによって,配列の先頭から1番目,2番目とカウントすることが可能になる。一致するものが見つかった場合には,繰り返し処理を終了し,そうでない場合には探している札がない旨を表示する。

　8行目からは,関数の呼び出し部分を作成している。探索関数の引数として受け渡す配列Fudaと,探索値(今回は「90」と書かれた札)を定義。そして最後に,10行目で探索関数を呼び出している。

　セ　,　ソ　：図2では探索値「90」が先頭から数えて何番目にある札か問われている。図1を確認すると24番目に並んでいるため,答えは　セ　　ソ　はそれぞれ「2」「4」が適当である。

4章　情報通信ネットワークとデータの利用

11　通信プロトコルと暗号化

問1 解答　ア：⓪

解説　階層構造であるメリットは，ほかの層を意識しないで済むことである。そのため，システムの変更やシステム開発が容易にできる。例えば，アプリケーション層に該当する Web サービスの開発を行いたい場合には，トランスポート層の TCP やインターネット層の IP，ネットワーク層の無線 LAN や LTE のことを考慮せずに済む。

①：盗聴の防止には暗号化などを用いる。

②：ヘッダ情報はブロックチェーンではない。

③：パケットの確実な送受信を実現しているのは，トランスポート層の役割である。それよりも下の層の役割ではない。

問2 解答　イ：③

解説

X：第3層のトランスポート層で付加される TCP ヘッダの役割は，パケット(データ)を正確に送受信することである。そのためにデータの順序(シーケンス番号)を付加し，それをもとに確認応答番号を送信者に報告する。これによって，確実なデータのやり取りを実現している。よって，(3)が適当である。

Y：第2層のインターネット層で付加される IP ヘッダには，送信元と宛先の IP アドレスやパケットの長さなどを付加する。ルータは IP ヘッダの IP アドレスを見て，転送先を判断する。よって，(5)が適当である。

Z：第1層のネットワークインタフェース層で付加されるイーサネットヘッダには，MAC アドレスを付加する。ハブはこの MAC アドレスをもとに LAN 内でデータの送り先を決めている。よって，(1)が適当である。

← LTE(Long Term Evolution)は，携帯電話における通信規格である。

← ブロックチェーンは分散型台帳技術で前後の取引を切れ目なく記録し，世界中のコンピュータに情報を同期，管理する技術で，改ざんが困難である特徴を持つ。

← もしも，同じ確認応答番号の報告が続けてされた場合には，その前のデータが欠落していると判断し，再送する。これにより，データの欠落を防いでいる。

← MAC アドレスは物理アドレスともいわれ，一つのデバイスに，世界中で一つしかない MAC アドレスが割り振られている。

← その他の選択肢について
(2) パケットには IP アドレスを記録し，URL は記録しない。
(4) 電子メールの転送情報はメールヘッダのことで，これはアプリケーション層である。

階層	名称	内容	プロトコル例
第4層	アプリケーション層	メールの送受信や Web サイトを見るなどインターネットのサービスに応じて，通信の手順や形式を定義する。	SMTP・POP・IMAP・HTTP など
第3層	トランスポート層	パケットが正しく送受信されることを保証するための情報を付加する。パケットの損失や誤りがあった場合は，再送して正しいデータにする。	TCP・UDP など
第2層	インターネット層	パケットの行先の IP アドレスを付加する。また，それをもとにデータの行先や通信経路を選択する。	IP など
第1層	ネットワークインタフェース層	接続したコンピュータ同士を通信回線で結び，電気的な信号の送受信を行う。	イーサネット など

また，ヘッダ情報は各層で送信時に付加される。逆に受信時には

破棄され，最終的にもとのデータのみが伝達される。

問3 解答 ウ：⓪

解説
- ⓪：同じ鍵を長期間用いて暗号化していると，第三者に解読される危険性が高まる。そのため正しい。
- ①：同じ鍵で暗号化して何度もやり取りする場合，その性質により暗号文から共通鍵を解読され，復号される可能性がある。例えばシーザー暗号は共通鍵暗号方式の一つであり，出現確率の高いアルファベットに着目することで解読されやすいという性質がある。
- ②：公開鍵暗号方式に比べ，暗号化および復号にかかる時間は短い。
- ③：通信相手が増えたからといって，それまで使っていた共通鍵が使えなくなるわけではない。

問4 解答 エ：②

解説　公開鍵暗号方式は，公開鍵と秘密鍵の二つの対となる鍵の組み合わせを用いる暗号方式である。公開鍵と秘密鍵は受信者が作成し，送信者は受信者が作成した公開鍵で暗号化して送信する。受信者は受信者のみが持つ秘密鍵を使って復号するため，共通鍵暗号方式のような鍵の受け渡しによる問題が発生しない。

　本問では，太郎さんからからデータが送られ，花子さんが受け取ることになっている。そのため，花子さんは太郎さんに公開鍵を送り，太郎さんは花子さんから受け取った公開鍵を使ってデータを暗号化する。花子さんは受け取った暗号文を，自身のもつ秘密鍵で復号する。公開鍵と秘密鍵はセットであるので，データの受け手に着目するとよい。

12　散布図・相関行列

問1 解答 ア：⓪　イ：③

解説　散布図を見ると，○が8個，■が12個あるので決勝進出チームは○で表されていることが分かる。

ヒストグラムを見ると，▦の方が▨よりも面積が小さい。最小単位を考慮すると，▦が8個分，▨が12個分あるので，▦が決勝進出チームを表していることが分かる。

解答 ウ，エ：⓪，③（順不同）

解説　決勝進出チームで相関係数の絶対値が最も大きいのは0.916で，これはトライ数とクリーンブレイク数との相関係数である。

解答 オ, カ：①，④（順不同）

解説 決勝進出チームと予選敗退チームの相関係数の差を表にすると，下のようになる。この中で，最も値が大きいのは，オフロードパス数とイエローカード数の間の関係である。

	トライ数	オフロードパス数	タックル数	クリーンブレイク数
オフロードパス数	0.16			
タックル数	0.057	0.15		
クリーンブレイク数	0.077	0.165	0.438	
イエローカード数	0.559	0.853	0.112	0.786

問2 **解答** キ：2 ク：7 ケ：1

解説 図2の回帰直線より，予測される1試合当たりのクリーンブレイク数10回に対するトライ数は，以下の通りである。

決勝進出チーム：$0.5637 \times 10 + 0.058 = 5.695$

予選敗退チーム：$0.4541 \times 10 - 0.0488 = 4.4922$

$$5.695 - 4.4922 = 1.2028$$

日本は予選で敗退しているので

日本：$0.4541 \times 6.0 - 0.0488 = 2.6758$

ニュージーランドは決勝に進出しているので

ニュージーランド：$0.5673 \times 12.57 + 0.058 = 7.1889$

問3 **解答** コ, サ：⓪，②（順不同）

解説 横軸の値から縦軸の値を求めることができるのと同様に，縦軸の値から横軸の値を求めることも可能である。

13 時系列分析

問1 **解答** ア：① イ：⓪ ウ：③ エ：②

解説 傾向変動はいわゆるトレンドと呼ばれる変動で，長期にわたる持続的な変化のことである。循環変動と季節変動はいずれも周期的に繰り返される変動であるが，季節変動が1年を周期とする変動であるのに対し，循環変動は一定ではない周期での変動のことである。不規則変動は周期性や規則性が見られない変動である。

問2 **解答** オ：⓪ カ：② キ：③ ク：① ケ：④

解説 収集したデータをそのままグラフにすると，細かい変動がそのまま表現されたグラフ⓪ができる。季節調整値は1年間の変動の規則性を表現したものであり，そのグラフの形状は1年を単位として毎年同じものになるので，グラフ②のようになる。季節調整をした値をグラフにすると，各期の傾向を平滑化したグラフ③となり，その移動平均を求めてグラフにするとさらに滑らかなグラフ①になる。④のグラフの変動はとても大きく見えるが，縦軸の目盛りを見ると他のグラフに比べて極めて小さく，ほとんど無視してよい値であることが分かる。

問3 **解答** コ：①

解説 縦軸の目盛りの大小に注意する。ケのグラフの変動は

激しいが，値自体は大きくないため全体に与える影響は小さい。

14 箱ひげ図

問1 (解答)　　ア：⓪　イ：⑤

(解説)

ア：休業日のため。0にすると，営業日で出荷数が0である日と
区別がつかない。

イ：ア・イを除いた，データが既知の営業日数 21 で割って
平均を求める。

問2 (解答)　　ウ：2　エ：9　オ：4　カ：6
カ：6　ク：1　ケ：9　コ：8

(解説)　データを昇順に整列すると

29　32　35　44　45　46　46　48　50　52　52
55　55　56　58　58　61　65　68　75　78　98

最小値は1番目の値　29

最大値は 22 番目の値　98

第2四分位数は 11 番目の値と 12 番目の値の平均であるから

$$\frac{(52+55)}{2}=53.5$$

第1四分位数は6番目の値　46

第3四分位数は 17 番目の値　61

問3 (解答)　　サ：1

(解説)

(第1四分位数)−(1.5×四分位範囲)＝46−1.5×(61−46)
＝48−1.5×15
＝48−22.5＝25.5

これより小さい値は0個。

(第3四分位数)＋(1.5×四分位範囲)＝61+1.5×(61−46)
＝61+1.5×15
＝61+22.5＝83.5

これより大きい値は 98 の1個。

よって，外れ値となるのは全部で1個である。

問4 (解答)　　シ：③

(解説)　外れ値を除外すると，最小値が 29，最大値が 78 となる。

問5 (解答)　　ス：1　セ：0　ソ：2　タ：0　チ：0
ツ：2　テ：1　ト：0　ナ：2　ニ：0

(解説)　下表参照

幹	葉
2	9
3	2　5
4	4　5　6　6　8
5	0　2　2　5　5　6　8　8
6	1　5　8
7	5　8
8	
9	

← 　平均から標準偏差の3倍以上離
れているものを外れ値と見なす方
法もある。その場合，その標準偏
差自体が極端な外れ値に引っ張ら
れている可能性に注意しなければ
ならない。

15 データベース

問1 解答 　ア , イ ： ⓪ , ② （順不同）

解説 　図書館に同じ書籍が複数存在することは珍しくなく，これらを区別する必要がある。また，同姓同名の人物が存在する可能性も否定できないので，この区別のためにも個々に異なる ID を割り当てる必要がある。

①：コンピュータで文字同士の比較は可能である。

③：主キーには整数値以外のものも設定できる。

④：利用者の退会や蔵書の廃棄・紛失などを考慮すると，必ずしも ID 番号の末尾と利用者数，蔵書数は一致せず，数えるのが容易とはならない。

問2 解答 　ウ ： ①

解説 　テーブルにあるデータ（レコード）は，操作により削除できないわけではないが，削除することで他のテーブルとの関係付けに不整合を起こす可能性が高い。そのため，安易に削除することは避ける必要がある。

問3 解答 　エ , オ , カ , キ ： ⓪ , ④ , ⑦ , ⑧ （順不同）

解説 　蔵書 ID があれば書名は一意に決まるので不要であり，同様に利用者 ID があれば利用者名は一意に決まるので不要である。貸出・返却の記録のためには，いつ貸し出していつ返却されたかの記録は必須であり，その他はなくてもかまわない。

問4 解答 　ク , ケ ： ⓪ , ③ （順不同）

　　　　　コ ： ① 　サ ： ⑨ 　シ ： ⑥ 　ス ： ⑦

　　　　　セ ： ② 　ソ ： ⑧

解説 　貸出中の書名のリストを作るので，貸出返却テーブルと蔵書テーブルを結合する。キーは蔵書 ID である。貸出返却テーブルの返却日時が空欄であるものを，未返却（貸出中）である条件として選択する。この段階で多数のカラムがあるが，必要なのは書名だけなのでそれを射影する。

← データベースの正規化により，こうした不整合が防げてデータ管理が容易になる。